COMUNIDAD EN PIE DE LUCHA O SUBURBIO QUE LANGUIDECE:

TRAYECTORIA HISTÓRICA, SOCIAL, ECONÓMICA, POLÍTICA Y EDUCATIVA DEL SECTOR BERWIND-COUNTRY CLUB DEL BARRIO SABANA LLANA NORTE DE SAN JUAN

DAVID ESQUILÍN PÉREZ
2016

COMUNIDAD EN PIE DE LUCHA O SUBURBIO QUE LANGUIDECE:

TRAYECTORIA HISTÓRICA, SOCIAL, ECONÓMICA, POLÍTICA Y EDUCATIVA DEL SECTOR BERWIND-COUNTRY CLUB DEL BARRIO SABANA LLANA NORTE DE SAN JUAN

DAVID ESQUILÍN PÉREZ

CENTRO DE ESTUDIO E INVESTIGACIONES DEL SUR OESTE DE PUERTO RICO
EDITORIAL AKELARRE

Comunidad en pie de lucha o suburbio que languidece: Trayectoria histórica, social, económica, política y educativa del sector Berwind-Country Club del barrio Sabana Llana Norte de San Juan

Primera Edición
noviembre 2016

Editorial Akelarre
Centro de Estudios e Investigaciones del Sur Oeste (CEISO)
Lajas, Puerto Rico
editorialakelarre.blogspot.com
editorialakelarre@gmail.com

Ilustraciones sometidas por el autor y su equipo de trabajo.

CONTENIDO

INTRODUCCIÓN

El presente trabajo es una investigación desarrollada sobre el sector Berwind Country Club del barrio Sabana Llana de Río Piedras. En el mismo estaremos presentando un perfil histórico, social, económico, político y educativo de la zona. Se coloca en perspectiva un fragmento geográfico y humano para realizar un análisis y una interpretación de los datos vinculados con la visión o panorama histórico que nos presentan los hechos acaecidos en el área estudiada. El trabajo, en otras palabras, es una reconstrucción histórica, socioeconómica y política del sector Berwind Country-Club. A la luz de la investigación histórica local del pueblo de Río Piedras y del Municipio de San Juan, se analiza el impacto del crecimiento y desarrollo socioeconómico y sus resultados en el barrio Sabana Llana de San Juan.

El sector Berwind ha demostrado tener unas transformaciones de gran impacto socioeconómico para el barrio Sabana Llana y para el Municipio de San Juan. Por tal razón, analizamos los factores que han contribuido y afectado el crecimiento y desarrollo del sector desde una perspectiva histórico estructural.

La investigación histórica está enmarcada en documentos públicos estadísticos y acontecimientos políticos, educativos y socioeconómicos que impactaron al antiguo Municipio de Río Piedras y al barrio Sabana Llana, localidad en la cual se encuentra el sector Berwind-Country Club. Se expondrá y analizará la trayectoria del Municipio de Río Piedras desde la década de 1950, su incorporación al Municipio de San Juan y su impacto al barrio Sábana Llana y al sector Berwind Country Club de 1950 al año 2008.

No obstante, el periodo de estudio comenzará con una descripción histórica desde el momento que se funda el barrio en 1837 hasta la incorporación del pueblo de Río Piedras a San Juan. Luego, se visualizarán y analizarán los cambios o transformaciones demográficas y socioeconómicas, las luchas sociales y su relevancia política, educativa y socioeconómica para el Municipio de San Juan.

Geográficamente hablando nos concentraremos en el sector Berwind-Country Club, del Barrio Sábana Llana norte del antiguo pueblo de Río Piedras. Actualmente, pertenece al Municipio de San Juan. Sus límites geográficos son el Municipio de Carolina al este, el barrio Sábana Llana Sur en su colindancia meridional, el barrio Oriente hacia el este y Laguna San José en el norte.

La zona incorpora varios sectores sociales e industriales, que han contribuido en la formación y desarrollo de la Capital de Puerto Rico. En el área, hay dispensario médico, cuartel de policía, escuelas elementales, intermedias y superiores, iglesias de diversas denominaciones, cadenas de comida rápida, medianos y pequeños comercios, y áreas residenciales públicas y privadas. A pesar del gran desarrollo urbano, el sector se encuentra rodeado por un ambiente de alta incidencia delictiva, diversos puntos de drogas, adictos de diversas sustancias controladas, viviendas abandonadas y áreas desoladas.

Es necesario rescatar la identidad y los más dignos valores, distinguiendo su relevancia cultural, política, socioeconómica y educativa de este sector, para el beneficio de la comunidad y para resto del Municipio de San Juan.

En el ambiente comunitario, la investigación se basó en el estudio de la historia local (microhistoria). La cual es una herramienta esencial para la adquisición de conocimiento, valoración, estima y entendimiento de la formación de las comunidades, barrios y pueblos de los individuos que componen el país. La historia local es una pequeña parte de los grandes procesos domésticos y globales que le ocurren a los seres humanos. Pero, de igual forma, nos ayudan a comprender las interacciones y procesos "macro" o más evidentes que afectan a la disciplina histórica. Estas son las consideraciones políticas, económicas, sociales y culturales que son por naturaleza los objetivos de estudio por los historiadores tradicionales.

Hay que considerar que hacer historia local o regional es una técnica o forma de investigación que tiene en perspectiva de narración histórica específica de sucesos o acontecimientos que marcaron de manera muy particular un lugar y un tiempo determinado. Es una técnica en la que se obtiene gran riqueza del conocimiento que forma cualquier comunidad.

Según el historiador Rafael Torrech:

> ...los barrios son el legado presente de algunas de las más antiguas divisiones territoriales de Puerto Rico. Fueron demarcación esencial para cuadricular el entorno colonizado y reflejaron el interés y la ansiedad del Estado español de hacerse presente de los moradores de Puerto Rico.

Por su parte, el Dr. Fernando Picó exhorta en su libro *Vivir en Caimito*, a realizar un estudio profundo al interior de los barrios y comunidades de nuestra isla. De esta forma se hace contar las experiencias de vida de los individuos que las componen. El Dr. Picó explica:

> ...nuestra historia es una historia de conflictos sociales y crasas desposesiones, abusos y arbitrariedades...el país sigue creyendo que su problema son las drogas y la criminalidad y no los conflictos sociales, fruto de la discriminación y la desigualdad de oportunidades. Mi afán ha sido recuperar para la reflexión historiográfica los rasgos más importantes de un proceso social que continua, y de señalar el dinamismo y el sentido de autosuficiencia de caimito. Espero que este ensayo anime a otros colegas de historia y demás Ciencias Sociales a participar de este esta discusión e indagar más afondo sobre la trayectoria en el tiempo de las comunidades...[1]

---

[1] Fernando Picó, *Vivir en Caimito*. (San Juan: Ediciones Huracán1989), págs. 14-16.

La utilización de este tipo de investigación permite una renovación y un mejoramiento de la disciplina histórica otorgándole la importancia y el espacio que merece a las voces de los individuos que han sido olvidados y marginados tradicionalmente por la historia clásica. Las sociedades cambian con el transcurso del tiempo, simultáneamente hay que atemperar las investigaciones históricas a las demandas de las realidades existentes. Si visualizamos la continuidad y cambio en los procesos políticos, económicos, sociales y culturales del país, debemos tener presentes aquellos que ocurrieron en el pasado para el mejor entendimiento del proceso presente, y la proyección de unos mejores para el futuro.

La aportación de esta investigación histórica manifestará una mejor comprensión de la localidad Berwind-Country Club, de su composición ciudadana, como parte de la vida política, económica y sociocultural de nuestro pueblo. Según el sociólogo Robert Merton, la sociedad es un sistema que está constituido por una estructura que permanece en el tiempo. Los elementos que integran el sistema son subsistemas interdependientes, que cumplen funciones sociales necesarias para el funcionamiento, regularidad y estabilidad de todo el sistema.[2] La importancia de conocer parte de su idiosincrasia y contextualizar las problemáticas más apremiantes para esbozar posibles soluciones a las mismas.

La investigación será de gran beneficio para la comunidad del barrio, debido a que su exposición pública ayudaría a los individuos a forjar o reforzar su rol en la comunidad, los lazos de identidad y empatía con las problemáticas, necesidades que discurren en su entorno y en la municipalidad. De acuerdo con el sicólogo ruso Lev Vygotski las he-

---

[2] Robert Merton: *Social Theory and Social Structure,* (New Jersey: Free Press, 1949), pág. 22.

rramientas cognitivas se originan en el marco de las relaciones sociales y las actividades culturales.[3] Esto es que el conocimiento es distribuido entre la gente y el medio ambiente, a través de la interacción con los demás en actividades que demandan cooperación.

La investigación histórica del sector Berwind- Country Club sería una herramienta de gran valor educativo para los estudiantes de la localidad. Esta podría despertar y ampliar el interés por el estudio de la historia, atar el conocimiento adquirido con lazos afectivos y valores que han predominado en su ambiente de convivencia. Además, ser un vehículo de autogestión que permita un envolvimiento pleno de ayuda mutua con sus congéneres.

Debemos visualizar que el crecimiento poblacional y el desarrollo urbano en el sector Berwind-Country Club de Río Piedras se debieron al efecto migratorio de las familias procedentes de las áreas rurales al Municipio de San Juan durante los años de 1950 y 1960. La motivación para el desplazamiento poblacional fueron las favorables condiciones económicas y la incorporación del Municipio de Río Piedras a la Ciudad Capital. Estas instancias serán de importancia para la creación de urbanizaciones y comercios que ampliarían el sector urbano del barrio y de la Capital.

El sector Berwind-Country Club se encuentra en un área urbanizada y de una aparente actividad comercial en el barrio Sabana Llana de Río Piedras. Sin embargo, pese a su histórica importancia social y económica, el lugar contrasta con áreas pobres, donde impera la desigualdad social y económica. La imagen del sector ha sido erosionada por los problemas sociales del uso y abuso de drogas ilícitas y la criminalidad.

Este trabajo delineará los orígenes y desarrollo socioeconómico, político y educativo del sector Berwind-Country Club de Río Piedras. El estudio perseguirá las causas de su

---

[3] Lev Vygotstky. Mind in Society. *The Development of Higher Psychological Processes.* (Harvard University Press: 1978), pág. 52.

desarrollo urbano y aquellas que han podido llevar al sector de Berwind-Country Club a la aparente pérdida de atractivo residencial y de inversión económica; propiciando actividades socioeconómicas ilícitas para el sector.

La problemática del sector Berwind-Country Club pudiera explicarse a través de la perspectiva histórica estructural de la teoría migratoria del geógrafo George Ravenstein. Desde esta perspectiva se observa el fenómeno migratorio basándose en la estructuras o sistemas. Un sistema migratorio es caracterizado como un conjunto dinámico, integrado por dos o más puntos (países o regiones) vinculados por flujos dinámicos. Los movimientos migratorios solo pueden comprenderse en el contexto histórico que identifique las transformaciones de una sociedad concreta. Por tanto, "no hay leyes universales que expliquen las migraciones. Destaca la interdependencia de los polos, esto obliga a analizar las dinámicas existentes en los dos ámbitos (el origen y el destino). Además, analiza los aspectos económicos, culturales y políticos de los polos.

Ravenstein resumió los resultados de su investigación a los que denominó leyes. Las leyes de la migración de Ravenstein plantearon lo siguiente[4]:

1. Hay una relación entre migración y la distancia recorrida; a mayor distancia menor era la cantidad de desplazamientos. Los migrantes que recorren largas distancias lo hacen atraídos por grandes centros industriales y comerciales.

2. Establece que la migración se hace por etapas, de esta manera los desplazamientos van desde lugares más pobres hacia los centros más inmediatos de absorción y de allí a otros más grandes y atrayentes y así sucesivamente; de esta manera se producen movimientos

---

[4] George Ravenstein "The Laws of Migration", *Journal of the Statistical Society of London*, (1889) 48, Núm. 2, págs. 167-170.

de cortas distancias desde lugares más remotos pasando por los centros de absorción más inmediatos hasta llegar a los lugares de mayor atracción migratoria.

3. Cada flujo migratorio produce una contracorriente compensatoria.

4. Hay una mayor propensión a emigrar en el medio rural que en el medio urbano.

5. Establece que las migraciones son esencialmente masculinas y las mujeres que emigran prefieren distancias cortas.

6. Existen una clara relación entre tecnología y migración de manera que a mayores y mejores medios de transporte se producen mayores flujos migratorios.

7. Establece que los factores económicos predominan sobre los demás al momento de emigrar. Plantea que el factor principal es el deseo del hombre de mejorar su nivel de vida material.

Por otro parte, debemos considerar la teoría de las luchas de clases del sociólogo alemán Karl Marx. Marx estudió la sociedad y las dinámicas que se daban en ella. Notó que las condiciones materiales de subsistencia y la economía eran factores claves en la satisfacción de las necesidades de la vida. Señaló que el progreso histórico o de desarrollo de las condiciones materiales de producción determina el rumbo de los pueblos.

La sociedad puertorriqueña se rige por un modo de producción capitalista. En el capitalismo existe una lucha de clases por el control de los medios de producción. Marx definió las clases como una relación de producción, esto es que las involucra en relaciones definitivas que son indispensables e independientes de su voluntad.[5] Estas relaciones de producción constituyen la base económica social y el fundamento de donde surge una superestructura legal y política. Esta superestructura corresponde a formas que definen el ámbito social. A través de la división de clases, se promueve la perdida de la identidad colectiva y la fuerza del grupo. Las comunidades, como parte del sistema capitalista, no están exentas de tener individualismo y a la pugna. Es por esto, que es necesaria su capacitación y preparación para promover la orientación colectiva y la armonización de las personas en un grupo; así se trabajaría hacia un fin común. Sin embargo, muchas veces el Estado obstaculiza el logro de las metas de las comunidades.

Se visualiza al gobierno como una fuente de gran poder político se utiliza para adelantar los intereses de aquellos que lo controlan. El gobierno trata de reprimir el conflicto en lugar de resolverlo. Las políticas públicas y su administración se convierten en las herramientas de la elite en el poder para explotar a las masas.[6]

Debido a que las políticas no satisfacen en muchas ocasiones los intereses de las comunidades, se dificulta la participación de la gente en los procesos de solución de sus problemas. Los obstáculos organizacionales como la burocracia y las estructuras de poder no han permitido en el pasado ni permiten en el presente que se logre una efectiva participación ciudadana en la toma de decisiones relacionadas con los asuntos públicos de P.R.[7]

---

[5] Karl Marx, *El capital: Crítica de la economía política* (México: Siglo XXI, 1981), págs 1123-1124.

[6] *Ibid.*

[7] Florestán Fernández, *Dominación y desigualdad: El dilema social latinoamericano* (Buenos Aires: Clacso, 2008), págs. 27-30.

CAPÍTULO I

SAN JUAN Y RÍO PIEDRAS EN SU CONTEXTO HISTÓRICO

San Juan, la ciudad capital de Puerto Rico ha tenido el papel protagónico en los procesos más trascendentales de la política, economía y aspectos socioculturales en la historia que ha distinguido nuestra vida de pueblo. Sin embrago, hay que destacar que la hegemonía de la capital no hubiese sido posible, sin la entrada en escena de los territorios circunvecinos. Lotes, parcelas o territorios que adquirían identidad propia y que con el transcurso del tiempo se convertirían en pueblos que le darían vitalidad y dinamismo a la ciudad cede. Entre los cuales hay que hacer la franca distinción al pueblo de Río Piedras.

San Juan se distinguió en los siglos XVI y XVII por ser el bastión militar fortificado que defendió a la Isla de los ataques de los enemigos de España durante la época colonial. La capital también se distinguió por ser vínculo inmediato con la península Ibérica. Esto fue porque representó lo europeizante y moderno, contrastó mucho con lo que se perfiló al pie de sus murallas. Se concibió una actitud negativa de parte de la población pudiente y españolizada, contra todo aquél que no alcanzó el estrato social que se exigía para habitar la urbe de aires modernistas. El deseo de la clase alta de que la antigua ciudad se convirtiera en una ciudad de la altura de otras ciudades o capitales europeas llevó al gobierno, entre otras muchas acciones, a segregar la población, de tal forma que se fue marginando a los menos afortunados, entre ellos a los negros libertos, a los márgenes de la ciudad. Una serie de barrios que se construyeron fuera de la ciudad, como Cangrejos, Puerta de Tierra y La Marina, así como una serie de barrios que ya se habían estado creando dentro de los muros, aparecieron como producto de este esfuerzo.

Las consideraciones injustas con los sectores marginados de la población llevaron al cabildo a tomar medidas que proponían regular quién trabajaba dentro de las murallas. Esto, porque las calles sanjuaneras habían sido "ocupadas" por "seres humanos de dudosa reputación". De ahí, el interés de que se construyera una nueva plaza de mercado fuera de las murallas; así como el leprocomio y el cementerio. Para ello, el Cabildo, bajo el dominio mayoritario de la elite comercial y agrícola, proponía que se removiera una parte de la muralla para la construcción de viviendas y comercios. Sin embargo, la reacción del sector militar no se hizo esperar ya que, precisamente, se había amurallado la ciudad para prevenir la entrada de ataques extranjeros; no obstante, la realidad era que ya habían pasado casi cien años desde el último ataque inglés de Ralph Abercromby. Esto y los acelerados avances de la tecnología militar minimizaron el valor defensivo de las fortificaciones.

Los efectos en alza en la demografía capitalina condujeron a que el 3 de marzo de 1865 el cabildo aprobara una resolución donde se dispuso realizar la expansión de San Juan por Puerta de Tierra hasta el puente de San Antonio. La resolución planteó la demolición de la porción oriental (la parte terrestre) de la muralla para continuar con un desarrollo urbano continuo. Las razones aludidas fueron un aumento significativo de la población, el alto costo de los bienes raíces y los peligros a la salud que ya existían en la sobrepoblada ciudad.

El desplazamiento urbano de San Juan hacia otras localidades se consumó el 27 de abril de 1897. La reina María Cristina de España aprobó un plan para la expansión de San Juan, lo que hacía necesaria la demolición de ciertas murallas y fortificaciones. Esta aprobación fue acogida con mucho entusiasmo por todos los conjuntos sociales de la población.

Un gran número de jóvenes de la sociedad, hombres y mujeres, ofrecieron sus servicios de manera voluntaria y gratuita para trabajar en el proyecto de demolición. Las obras de demolición comenzaron en un ambiente festivo el 28 de mayo de 1897, y parte de la prisión de San Juan fue la primera en ser derribada. Los administradores gubernamentales principales el Gobernador Sabas Marín González y el alcalde de San Juan, Don José María Marxuach estuvieron presentes en el día que fue declarado festivo. Este hecho, desde la perspectiva histórica-arqueológica resulta desafortunado. Sin embargo, en su contexto histórico significó una victoria gloriosa para la ciudadanía sanjuanera. La expansión de la ciudad de San Juan fue el comienzo de una expansión y migración que dio paso a estrechos vínculos políticos, socioeconómicos y culturales con los municipios colindantes, como Río Piedras.

Origen y desarrollo del Municipio de Río Piedras

A través del tiempo, la localidad de Río Piedras fue de gran importancia intrínseca para San Juan y para el resto de la Isla de Puerto Rico. Las más antiguas descripciones en las que se reconocieron a Río Piedras fueron hechas por el Obispo de San Juan, Fray Damián López de Haro, en las Constituciones Sinodales de 1647.[1] La descripción del lugar durante esta época dista mucho de lo que uno espera de una comunidad como la de hoy día. Se hizo hincapié en el señalamiento del enclave de la iglesia. Durante el régimen colonial español, este fue el lugar central público característico y recinto de la fe católica española. Sin embargo, de otras estructuras permanentes (edificios, calles, etc.) que caracterizaron el ambiente urbano no fueron mencionadas durante esta época.[8]

---

[8] Marcial Ocasio, *Río Piedras: Ciudad Universitaria* (San Juan; Comité Historia de los Pueblos, 1985), pág. 3.

Para el siglo XVIII, se comenzó hablar de la fundación del pueblo de Río Piedras en un lugar llamado "El Roble". Según el historiador Marcial Ocasio, en este tiempo no existió un recinto urbano definido hasta que el alcalde Don Diego Bezerra realizó expresiones de la fundación y las características particulares del poblado en las Actas del ayuntamiento de Río Piedras de 1823.[2] Sin embrago, otros estudiosos del tema coincidieron que el punto de partida para la fundación del pueblo fue durante el año de 1714.

El desarrollo de Río Piedras fue relacionado con su posición estratégica y por su corta distancia a la Ciudad Capital. Las condiciones socioeconómicas ventajosas de Río Piedras convirtieron al municipio en el principal suplidor de alimentos y de agua potable de San Juan. Por otro lado, el desarrollo del casco urbano fue lento, ya que los primeros pobladores de esta región fueron hacendados y hateros con poco interés o necesidad de establecerse en un centro o lugar urbano. La posición geográfica de Río Piedras, también, fue clave para la comunicación entre San Juan y el resto de la Isla, por lo que se convirtió en el centro de transportación pública de la Isla. La relevancia del poblado se estuvo evidenciando ya que toda persona o mercancía que viajaba por transporte terrestre entre San Juan y el resto del País, tenía que pasar por Río Piedras.

Rio Piedras también fue la primera parada desde la capital para otros medios de comunicación que llegaron a la Isla en los últimos treinta años del siglo XIX como fueron el telégrafo, el tranvía, el ferrocarril y el teléfono.

En 1835, se creó, en Río Piedras, la primera línea de coches, la cual viajó entre San Juan y Río Piedras. Para mediados de siglo, el gobernador y capitán general de la isla, reparó la carretera central la cual conectaba a San Juan y Caguas atravesando Río Piedras. Para finales de siglo, se fundó el tranvía y el tren, los cuales realizaban paradas en Río Piedras.

El pueblo de Río Piedras tuvo en su jurisdicción la entrada y salida terrestres de la Capital y de Cangrejos[9]. Por terrenos sólidos, hacia el resto del país. Esto fue de gran ventaja para el comercio del pueblo como para los medios de transporte que los utilizaban: coches, carros y carretas. Los caminos vecinales del pueblo fueron dos: uno que desde la carretera a Carolina atravesaba parte del barrio Sabana Llana en dirección a Trujillo Alto. El camino más relevante para la época fue el camino hacia Bayamón que alcanzó cierta prioridad cuando en 1881 se le asignaron mil pesos para invertir en su construcción por una nueva ruta. Este camino comenzó en la entrada de la Hacienda del alcalde Don Gerónimo Landrau.

En el siglo XX la población riopedrense aumentó de forma contundente. Uno de los factores que contribuyó a este ascenso fue la fundación de la Universidad de Puerto Rico en 1903. Al casco riopedrense se incorporaron profesores, estudiantes y nuevos trabajadores. También, muchos habitantes capitalinos se mudaron a Río Piedras durante estas primeras décadas del siglo debido a la falta de terrenos en San Juan, razón por cual, entre los años 1930 y 1952, surgieron muchas urbanizaciones en los terrenos circundantes al casco riopedrense.

El Municipio de Río Piedras se encontraba al norte con el antiguo municipio de la ciudad capital. Al sur, los municipios y de Aguas Buenas y Caguas. En el oeste colindó con Guaynabo y al este con las municipalidades de Carolina y Trujillo Alto, hasta su incorporación a la capital sanjuanera en 1951. La división territorial y geopolítica del área de Río Piedras está compuesta actualmente por 16 barrios. Divididos en cinco (5) distritos y cinco (5) precintos y una cantidad enorme de subdivisiones menores o sectores que en algunos casos han cambiado con el transcurso del tiempo.

---

[9] Barrio anexado a Río Piedras.

Zona Geopolítica de Río Piedras

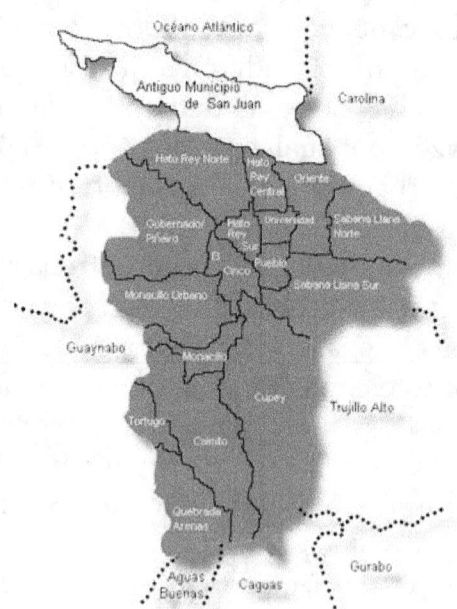

Fuente: Junta de Planificación

División geopolítica de Río Piedras

Las menciones más antiguas de la composición territorial perteneciente al poblado de Río Piedras hacen referencia al 1647 en las constituciones sinodales del Obispo Fray Damián López de Haro.[10] En su concepción original distaba mucho de ser un lugar urbano, el religioso describió las "estancias" que pertenecían al lugar que luego se convertiría el pueblo. Estas localidades agrícolas y ganaderas fueron Cangrejos Arriba y Abajo (Santurce), Sabana Llana, San Antón, Guadalcanal, y toda la ribera del río Piedras.[11]

Para el año de 1835 se le adjudicaron cinco barrios a Río Piedras. Estos son el casco urbano o El Roble, Cupey, Caimito, Monacillos y Sabana Llana.[12] En años subsiguientes se van añadiendo otros barrios, como Hato Rey en 1863, y temporeramente los barrios pertenecientes a Guaynabo como Hato Nuevo, Río y Mamey, debido a la insolvencia fiscal o poco presupuesto producido por la municipalidad.[13]

El aumento en la población de la Isla y en particular de Río Piedras obligó al gobierno a realizar una reorganización del municipio a través de la Junta de Planificación en 1948. La reorganización condujo a que del área total de unas 41.79 millas un poco más de la mitad (58%) se designarían como zona urbana o el casco del pueblo.[14] Surgieron entonces unos sectores: Buen Consejo, Capetillo, Monte Rey, Río Piedras Antiguo, Ubarri y Venezuela. Luego, se injertaron los barrios El Cinco, Gobernador Piñero, Monacillo Urbano, Hato Rey Norte, Hato Rey Central, Hato Rey Sur, Oriente y Universidad. El historiador Marcial Ocasio señala que el barrio Sabana Llana rural se encontraba segregado en dos barrios

---

10 Marcial Ocasio, *Río Piedras…*, pág. 3.
11 *Ibid.*, pág. 44.
12 Don Pedro Tomás de Córdova Historiador y Secretario gubernamental de la época hizo referencia a localidades perteneciente al pueblo de Río Piedras.
13 En 1912 se le devolvieron a Guayabo los barrios de Hato Nuevo, Río Mamey y Frailes. Excepto Quebrada Arenas.
14 Marcial Ocasio, *Río Piedras…*, pág. 46.

urbanos Sabana Llana Norte y Sabana Llana Sur. Según Ocasio, la zona rural abarco el 42% del territorio total incluyendo los barrios de Caimito, Cayey Monacillo rural, Sabana Llana rural, Quebrada Arenas y Tortugo. Esta fue la última configuración de división jurisdiccional antes que el municipio fuera injertado a la ciudad capitalina de San Juan.

Área territorial de Río Piedras

Barrios	Cuerdas	Millas Cuadradas
Casco de Río Piedras	519.83	0.79
El Cinco	918.29	1.39
Gobernador Piñero	2,885.40	4.38
Hato Rey Central	709.90	1.08
Hato Rey Norte	2,885.40	4.38
Hato Rey Sur	540.74	0.82
Oriente	1,183.93	1.80
Sabana Llana Norte	1,550.33	2.35
Sabana Llana Sur	2,782.35	4.22
Universidad	412.20	0.62
Caimito	3,595.30	5.46
Cupey	5,060.90	7.68
Monacillo	732.80	1.11
Quebrada Arenas	1,603.00	2.43
Tortugo	567.92	0.86
	27,544.12	41.79

Fuente: Río Piedras: Ciudad Universitaria

Las condiciones de vida del arrabal: el ejemplo del barrio de Puerta de Tierra

La desigualdad social y la pobreza son factores que han distinguido a Puerto Rico a través de su historia de pueblo. La diferencia abismal entre ricos y pobres fue evidente, a través de sus condiciones de vida. Los afortunados, que fue la pequeña minoría, vivieron en el área urbanizada de los pueblos. Sin embargo, la parte restante se encontraba en el arrabal y la ruralía.

Los arrabales se definen, por sus características físicas, como las áreas urbanas y suburbanas que se componen, generalmente, de estructuras insalubres y peligrosas. En

Puerto Rico éstos se levantaron, mayormente, en zonas desocupadas, utilizando materiales en mal estado o desechados, como madera y cinc corroído.

El crecimiento de arrabales en el área metropolitana de San Juan fue causado por los cambios socioeconómicos y por el aumento demográfico en la Isla. Durante las tres primeras décadas del siglo XX, se estableció en Puerto Rico una poderosa y modernizada industria de monocultivo azucarero que terminaba un extenso proceso de dominio económico que operaba desde finales del siglo XIX. Esto fue debido a que el capital económico generado en la Isla no fue invertido en el país sino, repatriado a Estados Unidos.

Estas compañías crearon una estructura económica que oprimía al colono y al agregado, quienes trabajaron una tierra que no les pertenecía, sin esperanza alguna de mejoría económica o social. En su búsqueda de mejores oportunidades de empleo, los obreros de la agricultura dieron inicio a un patrón de emigración del campo a los sectores urbanos, que contribuyó al gran aumento demográfico de San Juan durante las tres primeras décadas del siglo XX. Por su carácter de ciudad murada, su configuración geográfica y la necesidad de nuevos asentamientos para los recién llegados, ésta se expandió extramuros, principalmente hacia el barrio de Puerta de Tierra y Santurce. Casi todos los pueblos tuvieron un área dedicada a residencias para los trabajadores, pero Puerta de Tierra fue, a principios de siglo, el asentamiento más grande dedicado a este propósito, y presentó las peores condiciones de vida en la Isla.

Un dato que se puede destacar es el presentado por el Negociado del Trabajo[15]. A mediados de la segunda década del Siglo XX alrededor de 1,278 personas residían en estos sectores. Esto equivalía al 13% de la población del barrio. Entre los residentes de los sectores sanjuaneros encontramos algunos de los trabajadores empleados en las posiciones

---

[15] Negociado del trabajo, *Informe sobre las condiciones de vivienda de los trabajadores de Puerto Rico*, 1914, pág. 13.

peor pagadas en la fábrica de tabaco; estos en su mayoría fueron mujeres. Contrasta este dato con lo observado en lugares urbanizados, donde los trabajadores del tabaco que residieron en ellas, en su mayoría hombres, muchos de ellos empleados en las posiciones mejor pagadas.

Las diferencias raciales también fueron evidentes. En los sectores bajos la presencia de mulatos y negros fue mayor que en las tierras altas. Al analizar los empleos en la fábrica desde esta perspectiva encontramos que la mayoría de las posiciones peor remuneradas las ocupaban los mulatos y los negros, mientras que en las posiciones mejor pagadas abundan los blancos y los mulatos.

Durante la década de 1930 los niveles poblacionales siguieron en aumento. La crisis económica que sufrió el país a causa de la Gran Depresión, el azote de los huracanes San Felipe (1928) y San Ciprián (1932) y la tendencia a una economía de monocultivo, fomentaron el éxodo masivo de los sectores rurales a la urbe, en especial a San Juan y sus áreas circunvecinas como Río Piedras. La expansión del capital agrario norteamericano causó en la Isla una obsesión por la adquisición de terrenos aumentando su precio y se convirtió en un bien inaccesible para muchos puertorriqueños. La sociedad tradicional de la época, tendió a idealizar la pequeña propiedad como la solución a sus males sociales. La falta de acceso a la misma representó el mayor problema. Circuló la idea de que bajo el dominio de Estados Unidos el país era "más pobre" que, bajo España, se aceptó como una verdad incuestionable para muchos. Para el emigrante, la capital ofrecía múltiples industrias necesitadas de mano de obra y una creciente demanda de ayuda doméstica en las residencias de las familias solventes. Aunque los arrabales ya estaban establecidos, fue después de la década de 1930 cuando comenzaron a crecer a un paso acelerado. Sin embargo, la ciudad no contaba con la infraestructura necesaria para albergar a los nuevos inquilinos, por lo que éstos recurrieron a "invadir" terrenos vacantes para edificar sus casas. Era evidente que el futuro crecimiento de San Juan. La necesidad de viviendas obligó a muchos trabajadores a establecerse próximos a sus lugares de empleo. La situación provocó un problema de salud pública a causa de la sobrepoblación y la congestión en los asentamientos obreros.

En el Municipio de Río Piedras el aumento de arrabales fue del centro urbano a la periferia del territorio que comprende el municipio, como ocurrió con San Juan. A lo largo de 1930 y con el aumento demográfico y la búsqueda de empleo, la formación de los arrabales se extendió a los barrios Hato Rey, luego a Oriente y hasta llegar a Sabana Llana. El barrio Sabana Llana se distinguió durante la época por ser de carácter rural. La fuente de empleo fue el cultivo de la caña de azúcar. Aquí se encontraban varios cañaverales, como el que le perteneció a la Central Victoria. En las márgenes de estos centros cañeros se configuró la vida social y económica de los obreros.

El aumento de los arrabales fue el efecto negativo de una crisis económica que se manifestó en los bajos ingresos y el desempleo rampante. Estas causales en conjunto a la imposibilidad de una mejoría inmediata, ataban al trabajador a estas zonas carentes de los servicios más básicos, en condiciones que solo pueden describirse como infrahumanas. En su inmensa mayoría, los hogares en los arrabales carecieron de agua potable, y más de la mitad prescindió de facilidades sanitarias ni una forma de disponer de los desperdicios sólidos que generaban. Usualmente los residentes se sirvieron agua sin tratar de un grifo público. Por lo general, la infraestructura urbana -calles y aceras- fue inexistente, y el arreglo de las edificaciones careció de patrón urbano.

Los parques estaban prácticamente ausentes en estas zonas y, en el caso de que hubiese áreas de recreo, éstas estaban desatendidas. Por las deplorables condiciones de estos sectores, los trabajadores y sus familias eran presa de enfermedades como la tuberculosis, la varicela y la malaria, así como todo tipo de enfermedades venéreas. La fiebre amarilla, la anquilostomiasis y la mal nutrición resultaron endémicas dentro de la clase obrera debido a la carencia de agua tratada, servicios sanitarios y control de desperdicios.

Según el estudio del Dr. Manuel A. Pérez sobre los arrabales de San Juan, en 1939 el 26.7 por ciento de la población de San Juan residió en áreas de arrabal. Puerta de Tierra fue uno de los sectores de la ciudad con mayor concentración de arrabales[16].

El Departamento de Sanidad, respaldado por el Gobierno Federal, comenzó una labor de educación al pueblo. Lamentablemente, la puesta en práctica de las técnicas sobre higiene no fue satisfactoria. La escases de lo más básicos y fundamentales medios para realizar la tarea imposibilitaron a la población sufrir de las enfermedades provocada por la pobre salubridad. Principalmente, aquellas vinculadas al agua potable, el alimento y la disposición de desperdicios residuales. Por tal razón, la tasa de mortalidad y mortalidad infantil para la época fue considerable.

Los datos censales de 1900 al 1930 mostraron que:

1. De 100 nacimientos morían entre 13 a 18 niños antes de su primer año de vida.

2. Otros seis no llegaban a la edad de seis años.

3. La probabilidad de que un niño muriera antes de cumplir un año era tres veces mayor en Puerto Rico que en Estados Unidos.

Al mismo tiempo que se abogó por educar y tener mayor salubridad en la población, la participación de la Iglesia Católica, ayudó en contra de los abusos y desmanes contra los obreros. Hay que resaltar la figura del Obispo William Jones.

---

[16] Los arrabales, estudio incluido en www.puertadetierra.info/edificios/.../arrabls.htm

Este denunció los problemas del obrero y lo defendía contra los excesos del capitalismo a través del movimiento de doctrina social. La doctrina social, basada en la encíclica *Rerum Novarum* del Papa León XIII, defendió el derecho del obrero a asociarse, adjudica al Estado la obligación de proteger a las clases marginadas y reconoce todos los problemas de los trabajadores, como los cambios tecnológicos que afectan los medios de producción, la acumulación de riquezas en manos de pocos individuos y el consiguiente aumento en la miseria del trabajador. Durante su incumbencia, el Obispo Jones trabajó para mejorar las condiciones de vida del obrero puertorriqueño y abogó por su derecho incuestionable a la propiedad y la posibilidad de un hogar digno.

CAPÍTULO II

ORIGEN Y DESARROLLO DEL BARRIO SABANA LLANA DE RÍO PIEDRAS: 1835-1930

El concepto barrio

El barrio Sabana Llana de Río Piedras se encuentra en la parte nororiental del antiguo Municipio de Río Piedras. Su nombre describe una extensión territorial plana. El termino *sabana* se define como una llanura extensa cuya vegetación estaba compuesta por arbustos, hierbas altas y árboles aislados.[17] La descripción nominal ofrece las características que le valieron su nombre.

El historiador Rafael Torrech San Inocencio señala que:

> Los barrios son el legado presente de algunas de las más antiguas divisiones territoriales de Puerto Rico. Fueron demarcación esencial para cuadricular el entorno colonizado y reflejaron el interés y la ansiedad del Estado Español de hacerse presente en la vida cotidiana de los moradores de Puerto Rico. Pero, además, los nombres de los barrios son un importante documento para explorar la poco documentada historia rural y la historia puertorriqueña de los Siglos XVI, XVII y XVIII, que por mucho tiempo creímos perdida.[18]

Detrás de cada nombre se encuentra inherente la historia y la personalidad de la localidad en objeto de estudio. Es una muestra, un facsímil o un diagnóstico preliminar de lo que podemos encontrar del lugar. Torrech afirma que los nombres de los barrios sirven para recorrer la línea de los tiempos en sentido inverso[19].

---

[17] Diccionario Anaya de la Lengua, pág. .988
[18] Rafael Torrech, *Los barrios de Puerto Rico: Historia y Toponimia* (San Juan: Fundación Puertorriqueña de las Humanidades, 1999), pág. 3.
[19] *Ibid.*

El historiador añade que:

> ...los topónimos o nombres propios de lugar son el reflejo de la flora, la fauna, las topografías e hidrografías de la antigüedad; trazan contornos borrosos de viejos hatos, cotos, haciendas e ingenios; proyectan patrones de colonización y de explotación de la tierra; reafirman diluidas herencias y persistencias indígenas; y exhuman remotos colonizadores para develarnos su hablar, sus costumbres, sus imperativos, sus devociones, y por qué no, sus mentalidades.[20]

Por su parte, El Dr. Fernando Picó argumenta en su obra *Vivir en Caimito* que:

> ...nuestra historia es una historia de conflictos sociales y crasas desposesiones, abusos y arbitrariedades...el país sigue creyendo que su problema son las drogas y la criminalidad y no los conflictos sociales, fruto de la discriminación y la desigualdad de oportunidades. Mi afán ha sido recuperar para la reflexión historiográfica los rasgos más importantes de un proceso social que continua, y de señalar el dinamismo y el sentido de autosuficiencia de Caimito. Espero que este ensayo anime a otros colegas de historia y demás Ciencias Sociales a participar de este esta discusión e indagar más afondo sobre la trayectoria en el tiempo de las comunidades...[21]

Los barrios son pequeños conglomerados humanos no conformados con una conciencia racional. Estos conglomerados, aunque pequeños en su aspecto físico, pueden tener una variedad de particularidades. Los mismos fueron conformándose por las circunstancias socioeconómicas, históricas y geográficas, que le afectaron. Por tal razón, realizar una división territorial, generalizar o categorizar alguna comunidad sin conocer sus particularidades intrínsecas sería un gravísimo error.[22]

---

[20] *Ibid.*, pág. 4.
[21] Fernando Picó, *op. cit.*, págs.14-16
[22] Pleitos jurisdiccionales, herencias, latifundios.

Antecedentes del barrio Sabana Llana

Las nociones más antiguas de este territorio riopedrense datan del año 1625 (Abad y La Sierra). Estas arguyen a un lugar al otro lado de la laguna San José, donde los colonizadores españoles buscaban en las márgenes del cuerpo de agua productos silvestres y de siembra común en el lugar, como el cacao.

Originalmente el barrio Sabana Llana le conocían como el barrio Oriente, posiblemente por estar ubicado en la parte derecha del casco u área urbana de Río Piedras.[23] Como la gran mayoría de los pueblos de la época, el casco urbano (pueblo) fue el lugar donde hubo la mayor población y la actividad socioeconómica más significativa. Sin embargo, Sabana Llana como espacio predominantemente rural tuvo, en mayor o en menor escala, ser uno de los lugares característicamente ganadero y de producción agrícola, principales de caña de azúcar y frutos menores, por los próximos 100 años, desde su formación desde el año1835.

A principios del siglo XX el barrio comenzó a configurarse con una personalidad propia. Las partes del barrio más cercanas al pueblo acomodaron a personas que ostentaron "casas elegantes con verjas adornadas con balaustres hacia la carretera".[24] Otros lugares, fueron fincas de personalidades con relevancia socioeconómica y política en el pueblo y en el país. Por supuesto, la gran mayoría de los habitantes de estas tierras fueron gente humilde que trabajaron en el sector agrícola del lugar o en la periferia del pueblo.

Algunos de los sectores de Sabana Llana más pintorescos del primer cuarto del siglo XX, que se han podido recopilar, han sido plasmados en la obra del Dr. Florencio Sáez, estos son: Sector de los Calocas, barriada Jerusalén, poblado de los

---

[23] Florencio Sáez, *Río Piedras Estampas de mi Pueblo*, (San Juan: Palma Real, 1988), pág. 337.
[24] *Ibid.*

Peña, sector los cafetines, sector Cumaná, y Barrio San Felipe.

Las fincas de Sabana Llana

Los propietarios de los terrenos en las primeras cuatro décadas del siglo XX en Sabana Llana fueron los siguientes[25]:

Finca de Don Juan Caloca	Finca del Dr. Juan José Osuna
Finca de los Vanderbuilt	Finca del Dr. José Garrido Collazo
Finca de Don Pedro Iglesias	Finca de la Srta. Axa Watson
Finca de Miss Gracien Iguina	Finca de la Familia Marcano
Finca de Don Juan Calzada	Finca de Charles Vosburg
Parcela de Don Alfredo Rivera	Finca de "Mamá Boita"
Finca de la Familia Magriña	Finca de Don Juan Melitón
Finca de Don Isidro Benítez	Finca de Méndez Baz
Finca Hill Brothers	Finca de Don Félix Betancourt
Finca de Rudolf Jules	Finca de la Familia Chabert
Finca de Don Luis Benítez	Finca de la Familia Martínez Vilá
Finca de Don Gerardo Sellés	Finca de Doña Luisa Rivera
Finca de Don Rufino Romero	Finca de Don Ramón Geiliger
Finca de Don Rafael Fernández	Finca de Don Carlos Matos
Finca de Mr. Harry Hubbard	Finca de Mr. Scoville
Finca de Mr. Holger Fog	Finca de la Familia Holmes
Finca de Mr. Freiheit	Finca del Dr. Pedro Malaret
Finca de Mr. Pennock	Finca de Rene Colón
Finca de Don Isidro	Finca de Mr. Vivell
Finca de Don Víctor Valcárcel	Finca de la Familia Fletcher
Finca de Bebo Bachman	Finca de Fridhight (Walter Drier)
Finca de Mr. Paul Boulon	Finca de Don José Díaz Carmena
Finca de la Familia Panzardi	Finca de los Padres Capuchinos
Finca de la Familia Blanco	Finca de Don Marcel Clemente

La gran variedad de apellidos extranjeros nos ofrece una idea del origen o el perfil de los propietarios de las fincas de Sabana Llana. Muchos fueron inmigrantes que encontraron en el barrio el potencial económico necesario para invertir en la compra de un terreno e implantar su negocio para producir caña de azúcar, naranjas, toronjas, piñas entre otros

---

[25] *Ibid.*

frutos. Otros, de origen puertorriqueño fueron profesionales que adquirieron propiedades con el objetivo del cultivo de plantas y frutas para la venta en el mercado sanjuanero.

Entre los propietarios más interesantes, distinguidos y peculiares de la localidad se encontraron a los Vanderbilt. Esta familia fueron los dueños originales del Hotel Condado de San Juan. A principios de los años treinta poseían en el lugar el primer campo de golf de Puerto Rico. Más tarde, la propiedad pasó a manos de la familia Pavía.

Para el 1931, el Dr. Juan José Osuna, decano de la Escuela Normal de Río Piedras, fue propietario de una finca de 10 cuerdas. La dedicó al cultivo de flores o plantas ornamentales para la exportación. Con el tiempo, empleó a Don Pablo Cepeda para que trabajara la finca y diversificar su producción. Cultivó para ese entonces naranjas, toronjas y rosas, mercancías que mercadeaba en San Juan.

En el año 1920, se estableció la Finca Hillbrothers. Su propietario original fue un estadounidense de apellido Scoville. Este operaba una fábrica de enlatar (enlatadora) de jugos de fruta, conocida con el nombre de "La Fábrica de Piña". La cosecha de piñas y toronjas tenían lugar en diferentes épocas del año. Por lo que permitía que la fábrica tuviera una producción de frutas durante la mayor parte del mismo. Para el año de 1935, el administrador de la empacadora fue Mr. Paul Boulon. Este estadounidense se desempeñó como agricultor y fue representante de la compañía Frigidaire. El paso del huracán San Felipe por la Isla provocó graves daños a la población y la propiedad, especialmente, a la enlatadora Hillbrothers que quedó destruida. El Sr. Boulon cedió un pedazo de su finca para que los obreros de la empacadora pudieran reconstruir sus casas. El lugar más tarde se conocería con el nombre de Barriada Boulon.

El educador Gerardo Selles Solá y su colega Augusto Bobonis adquirieron la finca de naranjas, piñas y toronjas perteneciente a la familia Mc Curdy. Esta familia vendió su propiedad y abandonaron la Isla. Según se dice, se sentían amenazados por la inestabilidad política que permeaba en el país.

Mr. Harry Hubbard tenía una finca de 72 cuerdas de terreno, que se acercaba mucho a la Laguna San José. Hubbard fue un norteamericano, que se desempeñó como Marshall de la Corte Federal de Estados Unidos en San Juan, Puerto Rico.

El Dr. Pedro Malaret, cuyo abuelo fue alcalde de Santa Isabel, fue un destacado galeno de la época. Para el año de 1933 figuraba en el gabinete del gobierno como Sub Secretario de Salud de Puerto Rico. Su finca la utilizaron para la crianza de ganado vacuno, para la producción de leche. También, utilizaron parte de su terreno para el cultivo de caña de azúcar.

Es educativo e interesante estudiar el contexto del panorama histórico, geográfico y las circunstancias socioeconómicas que envolvieron la época. Estas caracterizaron o distinguieron a los personajes y los lugares en que vivieron. Con el transcurso del tiempo, la dinámica sociocultural de las próximas generaciones, extinguió o sustituyó algunos nombres y lugares originales de uso y costumbre para darle paso a otros nuevos.

Población de los municipios por barrios
Población de los barrios del Municipio de Río Piedras 1910-1930

Barrio	1930	1920	1910
Municipalidad de Río Piedras- totales	40,853	23,035	18,880
Casco urbano(pueblo)	13,408	5,820	3,084
Caimito	2,884	2,339	1,934
Cupey	2,928	2,562	2,109
Hato Rey	11,178	5,522	2,646
Monacillo	4,314	2,483	1,782
Quebrada Arenas	1,009	892	878
Sabana Llana	4,417	2,902	2,849
Tortugo	715	525	527

Fuente: Junta de Planificación Estadísticas Poblacionales de Río Piedras 1899-1950.

Antecedentes del barrio Sabana Llana Norte de Río Piedras

Originalmente el barrio Sabana Llana consistía en la parte oriental rural del Municipio de Río Piedras. En 1950, la Junta de planificación de Puerto Rico realizo una redistribución territorial, dividiendo el barrio en Sabana Llana Norte y Sabana Llana Sur.[26]

Según la investigación realizada por Florencio Sáez, los datos más antiguos de la comunidad señalaban que originalmente llevó el nombre de barriada Cumaná hasta las primeras décadas del siglo XX. En el territorio podían encontrase la finca del Dr. Pedro Malaret y los terrenos de Don Nicolás Iturregui, algunas de las personas más influyentes del barrio.

Para la década del 1920, el sector cambia su nombre a la finca Berwind. El mismo proviene de la familia propietaria de la "Berwind-White Coal Mining Company". Unas de las familias estadounidenses más acaudalas del siglo XX. Edward Julius Berwind fue el propietario de la Compañía. La empresa se encargaba de la extracción y venta de mineral del carbón para la producción de energía en Estados Unidos y Puerto Rico.[27] John Berwind, hermano del magnate carbonero, fue uno de los mayores accionistas de la compañía propietaria del Hotel Condado Vanderbuilt (Hotel El Condado). Berwind compró terrenos en el barrio Sabana Llana para el desarrollo de un campo de golf para el disfrute de sus huéspedes y la élite de la época.

Desde la fundación del pueblo, la distinción e importancia del barrio recayó principalmente en la economía agrícola

---

[26] Junta de Planificación. *Municipio de Río Piedras: Memoria Suplementaria al mapa de límites del municipio y sus barrios;* (San Juan: Junta de Planificación, 1955), pág. 50.

[27] Charles Berwind, hermano mayor de Edward fue el dueño fundador de la compañía Berwind and Bradley Mining Company. Luego de su fallecimiento la empresa la heredó su hermano Edward, para convertirse en la "Berwind-White Coal Mining Company".

de la región. El producto principal por mucho tiempo fue la caña de azúcar. Aunque, se cultivó café y productos cítricos, y la crianza de ganado. Para la década 1930, los dueños de la Central Victoria que estaba situada en el pueblo de Carolina, tuvieron una finca en la que se abastecieron de la caña del sector, hasta que dicha industria comenzó a menguar para darle paso a otras nociones que prometían un ambiente de progreso y prosperidad. Estas tocaron a las puertas del barrio trayendo nuevas expectativas de cambio y modernidad.

Carta de los propietarios de Fincas de Sabana Llana dirigida al Consejo Municipal de Río Piedras. Expresa el mal estado del camino a Carolina. Además, señala la importancia y riqueza agrícola del barrio para el municipio. Fuente: AGPR

La década de 1920 trajo lujo y distracciones nunca antes vistas en Puerto Rico. El Sr. John Berwind compró unas 73 cuerdas en el barrio Sabana Llana Norte de Río Piedras, con el propósito del desarrollo de un campo de golf para sus huéspedes. Este territorio representó un 50% del área total

36

que abarcó en el futuro la finca Berwind. Estas facilidades estuvieron a unas 5 millas del Hotel Condado-Vanderbuilt. El área seleccionada fue de fácil acceso. Los huéspedes del hotel contaban con la transportación que les brindó el ferrocarril de la "American Railroad". El campo de golf de Berwind, único en Puerto Rico en esa época, contó con un "green" de nueve hoyos.

En 1929, fallece Berwind y sus herederos decidieron vender sus propiedades en Puerto Rico, incluyendo el terreno del campo de golf en Río Piedras. Los miembros del club golfista deciden incorporarse y comprar los terrenos para conservar las facilidades deportivas[28]. Para el año siguiente, se inauguró la Casa Club y las facilidades del campo de golf con el nombre de "Berwind Country Club" en honor póstumo a su antiguo dueño. Las próximas dos décadas convirtieron el lugar en uno de los más prestigiosos centros golfísticos de la Isla.

En 1954, se registró en la Isla la "Puerto Rico Golf Asociation" (PRGA). Esta asociación ayudó al desarrollo y promoción del deporte. Personalidades trascendentales del golf visitaron y se formaron profesionalmente en estas facilidades, como el astro del golf puertorriqueño José Antonio "Chi Chí" Rodríguez.[29]

Para el año 1937, la única estructura física desarrollada en condiciones óptimas en el sector fue el club de golf. Las estructuras de vivienda circundantes eran escasas, humildes y se encontraban bastante distantes del lugar. La proyección lógica de los empresarios fue expandir su territorio inmediato, para mejorar sus facilidades deportivas. Entre la década de 1950 y 1960, miembros del club solicitaron la inter-

---

28 Nilda Marchand. *Tesis de maestría. Campo de golf de la finca Berwind*. (Rio Piedras: Universidad de Puerto Rico, 2001), pág. 45-48.

29 Chi Chí Rodríguez, fue nacido y criado en Río Piedras en las cercanías del campo de golf en su juventud. Más tarde, se convirtió en "caddy, hasta llegar a convertirse en golfista profesional. Fue electo en el 1992 al "PGA World Golf Hall of Fame" y el 1994 al "World Humanitarian Sports Hall of Fame"

vención del secretario de fomento económico Teodoro Moscoso, para la negociación de un contrato de alquiler con los dueños del terreno contiguo.

El Berwind Country Club

aérea del Berwind Club y sus campos de juego.
eye view of the Berwind Club and its sports fields.

Campos de golf del Berwind Club.

Golf links of Berwind Club.

Fuente: Álbum de Oro de P.R.

Los dueños de la "All America Cables" accedieron gustosamente. En el 1962, la nueva fase de construcción concluyó añadiendo 9 hoyos, para completar el campo con un total de 18. Además de su expansión, trajeron la utilización de nuevas tendencias en la construcción de campos de golf, como la instalación de grama "Bermuda" específicamente en los "greens". Este tipo de grama fue seleccionada por su durabilidad y resistencia a las temperaturas tropicales, lo cual mejoró extraordinariamente la calidad del juego en Puerto Rico[30]. Las mejoras a las facilidades físicas del campo fueron muy significativas, ya que atrajeron en esa época a 350 nuevos afiliados al deporte.

En 1963, "El Berwind Country Club" mudó sus facilidades a un lugar en ciernes en el Pueblo de Río Grande. La cercanía a la playa y un amplio campo de palmas cocoteras distinguieron los terrenos del Hotel Río Mar, donde ubicaron al antiguo campo de golf riopedrense. La salida de las facilidades deportivas de Río Piedras significó una nueva etapa que traería cambios significativos y trascendentales en la vida de los residentes del barrio Sabana Llana.

---

[30] La grama Bermuda es conocida como "Zoysia grass" o 'super grama" considerada la más resistente a temperaturas altas.

CAPÍTULO III

EL DESARROLLO URBANO Y SOCIOEDUCATIVO DEL BARRIO SABANA LLANA NORTE

Contexto histórico

Para la década de 1940, no se observaba un panorama socioeconómico muy distinto a la década de la Gran Depresión. En el periodo que comprendió entre 1941 al 1946 el gobernador de turno Rexford Guy Tugwell intentó sentar las bases para un programa de desarrollo utilizando los recursos internos del capital puertorriqueño (desarrollo orientado hacia adentro). Este plan estratégico tuvo objetivo primordial atender las necesidades básicas de la población. La estrategia consistió inicialmente en la promoción de empresas manufactureras poseídas y administradas por el Estado. Las empresas instituidas por el gobierno fueron: una fábrica productora de cartón corrugado, otra que produciría artículos de arcilla para la industria de la construcción, otra de zapatos, y una que elaboraría productos en botellas de cristal.

La industria del cemento fue unas de las industrias de mayor trascendencia durante la época. Esta impulsaría, los grandes proyectos que mejorarían la infraestructura del país. Además, se impulsó la idea de que la Isla se convirtiera en un destino turístico importante en el Caribe, y se inició la construcción de un nuevo aeropuerto internacional y un hotel el Caribe Hilton, cuya orientación seria hacia el mercado estadounidense. El Plan estratégico del Gobernador Tugwell no pudo materializarse debido al cambio de estrategia de desarrollo iniciado desde Estados Unidos luego de la Segunda Guerra Mundial.

Durante la administración de Tugwell se crearon agencias estatales y corporaciones públicas que le prestarían servicios a la ciudadanía. Otros servicios que hasta el momento le habían sido privados, fueron institucionalizados. Entre esas agencias podemos destacar la que tuvo mayor protagonismo: La Compañía de Fomento Industrial de Puerto Rico. La agencia sentó las bases para la estrategia de desarrollo que emplearía los recursos naturales y parte de los recursos fiscales del país en la producción para el mercado doméstico. La Compañía de Fomento administraría y poseería las fábricas estatales. Además, crearía el escenario propicio para impulsar la investigación científica en la búsqueda de nuevas materias primas, fundarían un laboratorio que identificarían nuevas semillas para la producción agrícola, daría apoyo para el capital local y crearía una división de distribución y mercadeo para promover los productos puertorriqueños dentro y fuera del país. Las metas originales de "Fomento Industrial" la definían como una agencia de vanguardias para su época.

La década del 1940 se caracterizó también, por el inicio de un plan de distribución de tierras entre la población de la zona rural que permanecía desposeída, luego de más de cuatro décadas de economía de monocultivo cañero. Antes de la ley de reforma agraria, un tercio de la población total o unas 110,000 familias vivían "arrimados" o dependientes de un terreno ajeno. La Reforma Agraria propuso la creación de fincas de beneficio proporcional, fincas individuales que serían arrendadas a familias legítimas de agricultores interesados en implantar nuevas técnicas de producción agrícola, la repartición de parcelas entre las familias de agregados, la ayuda técnica a los agricultores y la diversificación de la producción agrícola. Sin embargo, la reforma agraria encontró una serie de dificultades que la hicieron fracasar a largo plazo. Entre estos destaca la falta de fondos de la Autoridad de Tierras, el retraso de ventas de tierras por parte de las corporaciones azucareras, el aumento de la producción azucarera a pesar de la intensión de diversificar la agricultura con una producción record de caña molida y de azúcar obtenida en 1952.

Muchas de las familias que recibieron parcelas las abandonaron para ser parte de la fuerza trabajadora que fue empleada por las fábricas de capital privado que promovía el gobierno en las zonas urbanas, a raíz del nuevo plan de industrialización de fines de 1940. Muchas familias constituyeron el grueso de la gran masa de emigrantes que partieron hacia las ciudades de la costa este de Estados Unidos. Una vez que comenzó el plan, la idea de continuar con la Reforma Agraria sería incompatible con el giro que tomaría la economía estadounidense y los planes que se habían trazado para Puerto Rico[31].

Entre 1940 y 1950 la población total del municipio aumentó 200,000 habitantes. Según el Dr. Francisco Scarano el producto Bruto per cápita a precios corrientes aumentó 122% (de $154.00 a 342.00) y el gasto de consumo personal como el ingreso personal y el ingreso familiar promedio reflejaron la misma tendencia de aumento que el producto bruto per cápita y el consumo per cápita. En este caso, los aumentos fueron de 206%,198% 145% respectivamente[32].

Población total de los barrios Sabana Llana Norte y Sabana Llana Sur Censos de 1950 al 1960

Área Geográfica de San Juan	Población total en 1940	Población total en 1950	Población total en 1960
Municipio de San Juan	169,247	368,756	451,658
Barrio Sabana Llana Norte	7,037	8,282	18,658
Barrio Sabana Llana Sur	–	4,801	10,424
Municipio de Río Piedras	68,290	N/A	N/A

Comentarios: 1) Para efectos de comparación los datos del Municipio de Río Piedras se unieron con el Municipio de San Juan en la columna del Censo de 1950. En el año 1954 el Municipio de Río Piedras se incorporó al Municipio de

---

[31] El país se sostendría por la atracción de capital norteamericano para invertirlo parcialmente en empleo. La ganancia del capital se repatriaría a los EE.UU.

[32] Mario Cancel y Héctor Feliciano. *Puerto Rico y su transformación en el tiempo* (San Juan: Editorial Cordillera, 2008), pág. 372.

San Juan. 2) La Junta de Planificación realizo en 1950 una redistribución territorial del Municipio de Río Piedras, dividiendo al barrio rural Sabana Llana en los barrios de Sabana Norte y Sabana Llana Sur. Fuente: Negociado del Censo federal, Censos de Población de Puerto Rico, Años: 1950-2000; y Junta de Planificación, Programa de Planificación Económica y Social, Oficina del Censo.

La distinción económica de la década de 1950, fue propulsada por el Gobernador Luis Muñoz Marín la estrategia "Operación Manos a la Obra" la misma estaba basada en la atracción de capital manufacturero de Estados Unidos, cuya producción fue orientada al mercado de exportación. Hubo inversión y rápido crecimiento económico por los empleos que se produjeron en el comienzo de la era industrial nacional.

El Partido Popular y las medidas populistas habían traído unas rápidas transformaciones socioeconómicas de las décadas de 1950 y 1960.[33] La industrialización atrajo a muchas familias de los campos de la Isla a las zonas urbanas para mejorar su situación económica. Por tal, razón se adoptó la política pública estatal de no solo proveer vivienda adecuada para las familias sino también, titularidad de terrenos. La tasa de migración de los municipios nos ofrece una idea del panorama socioeconómico de la Isla en los años que se dieron las acciones gubernamentales en el área de San Juan.

Los municipios del centro- oeste y sur-este del país fueron los que más experimentaron reducciones poblacionales en los años de las medidas socioeconómicas gubernamentales. Por el contrario, nótese los pueblos con mayor crecimiento poblacional. Estos son aquellos que componen el área metropolitana de San Juan o su periferia. El presidente de la Junta de Planificación Rafael Picó declaraba al respecto:

> La meta de nuestro Gobierno es que cada familia puertorriqueña posea un hogar propio y adecuado. En los casos

---

[33] El populismo fue el movimiento político mediante el cual se ejecutaron medidas socioeconómicas centrándose en las clases desventajadas del país.

de familias que requieran residencia temporal o indefinidamente en viviendas que no sean de su propiedad proveerles facilidades que se asemejen al hogar propio.[34]

TASAS DE MIGRACION NETA POR MUNICIPIOS, PUERTO RICO:
1960-70 Y 1970-80

MUNICIPIOS	1960-70	1970 80	MUNICIPIOS	1960-70	1970-80
Adjuntas	-32.8	-17.9	Las Marías	-37.5	- 4.3
Aguada	-18.4	8.6	Las Piedras	-16.1	3.9
Aguadilla	-16.2	-10.1	Loíza y		9.7
Aguas Buenas	-19.2	- 1.4	Canóvanas	+ 6.9	
Aibonito	-19.3	- 7.8	Luquillo	- 2.1	18.8
Añasco	-11.6	1.5	Manatí	-16.3	2.1
Arecibo	-15.6	1.6	Maricao	-38.3	5.9
Arroyo	-28.2	6.3	Maunabo	-25.6	- 8.8
Barceloneta			Mayaguez	-16.5	- 3.9
y Florida	-27.3	7.6	Moca	-26.2	7.6
Barranquitas	-28.1	-13.0	Morovis	-22.7	- 8.0
Bayamón	+46.5	3.3	Naguabo	-13.2	- 3.2
Cabo Rojo	-11.1	14.2	Naranjito	-14.7	- 2.8
Caguas	+13.3	0.6	Orocovis	-34.1	-16.5
Camuy	-21.2	5.6	Patillas	-23.7	-19.7
Carolina	+68.8	23.7	Peñuelas	-19.8	- 2.7
Cataño	-24.3	-22.3	Ponce	-15.7	- 2.8
Cayey	-26.0	-11.1	Quebradillas	- 7.8	6.9
Ceiba	-14.7	15.8	Rincón	-16.9	11.8
Ciales	-41.3	-12.7	Río Grande	+ 1.2	24.6
Cidra	-27.1	- 2.4	Sabana Grande	-17.6	3.9
Coamo	-23.6	- 3.4	Salinas	-33.6	- 2.3
Comerío	-28.7	-21.3	San Germán	-17.2	1.7
Corozal	-24.5	- 5.0	San Juan y		
Culebra	+ 0.6	31.8	Río Piedras	-18.5	20.7
Dorado	- 0.1	17.8	San Lorenzo	-26.5	0.6
Fajardo	+ 3.2	16.3	San Sebastián	-33.3	1.3
Guánica	- 9.9	4.1	Santa Isabel	-16.2	0.6
Guayama	-17.7	- 9.8	Toa Alta	- 6.5	33.2
Guayanilla	-18.7	- 5.5	Toa Baja	+59.2	29.8
Guaynabo	+28.3	3.9	Trujillo Alto	+29.8	32.8
Gurabo	-10.8	9.4	Utuado	-36.7	-18.8
Hatillo	-12.5	14.6	Vega Alta	+ 5.3	7.5
Hormigueros	+25.3	12.7	Vega Baja	- 9.2	9.6
Humacao	-13.4	4.2	Vieques	-12.6	-15.6
Isabela	-17.4	5.2	Villalba	-21.0	-13.2
Jayuya	-40.4	-14.7	Yabucoa	-23.5	-15.6
Juana Díaz	- 9.6	- 3.9	Yauco	-25.4	-12.1
Juncos	-20.0	2.5			
Lajas	- 8.7	10.5			
Lares	-32.8	-12.0			

Fuente: Perfil Demográfico de Puerto Rico. Universidad de Puerto Rico.
Escuela Graduada de Salud Pública.

Unidades de vivienda ocupadas en el Municipio de San Juan 1950-1970

Municipio de San Juan	1950	1960	1970
Viviendas ocupadas	37,882	50,520	62,884

Fuente: Junta de Planificación

---

[34] José Alameda y Carlos Alberto Galindo. *La vivienda de interés social en Puerto Rico.* (San Juan: Departamento de la Vivienda, 2005), pág.18.

45

Unidades de vivienda desocupadas en el Municipio de San Juan
1950-1970

Municipio de San Juan	1950	1960	1970
Viviendas desocupadas	3,446	5,316	13,726

Fuente: Junta de Planificación

Entre 1957 y 1960, se crearon agencias que diligenciaban la adquisición de vivienda. Podemos mencionar varias. Una de ellas, la Administración de Renovación Urbana y Vivienda (ARUV) estuvo designada al estudio y evaluación de los problemas de vivienda y renovación urbana y hacía recomendaciones al Gobernador y a la Legislatura sobre políticas y programas en relación a la vivienda; recomendaba, además, guías específicas para desarrollo de las viviendas. Existía también la Corporación de Renovación Urbana y Vivienda (CRUV), que se diferenció de programas anteriores, porque persiguió el nuevo enfoque de re-ubicar a las familias que vivían en los arrabales en viviendas económicas e higiénicas. Y para 1960, se creó el Banco de la Vivienda, que tuvo la responsabilidad primaria de otorgar préstamos hipotecarios para la adquisición, construcción, reconstrucción o ampliación de vivienda a bajo costo en las áreas urbanas y rurales[35].

Renovación urbana en el barrio Sabana Llana Norte

Desde la década de 1930, el Barrio Sabana Llana se vislumbró un aumento en su población. Para el año de 1950, luego de la redistribución territorial, el barrio Sabana Llana Norte tuvo un cambio demográfico sorprendente. El aumento fue de 8,282 a 18,658 habitantes[36]. El total del área que comprendió los barrios (Sabana Llana Norte y Sur) tuvo una población combinada de 29,082 habitantes, la gran mayoría

---

[35] *Ibid.*, pág.19
[36] Negociado del Censo federal, Censos de Población de Puerto Rico, Años: 1950-2000; y Junta de Planificación, Programa de Planificación Económica y Social, Oficina del Censo.

personas de escasos recursos económicos. Se reclamaban mayores espacios para la construcción. La razón era la gran demanda de vivienda a bajo costo para la población. La colaboración de la política pública del Estado, en conjunto de los programas federales y locales invirtió en el capital para trabajar en la eliminación de los arrabales de San Juan.

Fluctuación poblacional del Municipio de San Juan durante los censos de 1960 y 1970

	1960	1970
Residencia 5 años antes del Censo	39,2244	419601
Población de 5 años y más	18,8984	206,481
Misma residencia	181,568	152,028
Otro municipio	43,192	31,990
Puertorriqueños residiendo fuera de P.R.	21176	34,814
Residencia no informada	516	26,278

Fuente: Junta de Planificación.

En 1962, los estudios de la Junta de Planificación consideraron viable la construcción de viviendas en el barrio Sabana Llana Norte. Al año siguiente, la Administración de Terrenos del Estado Libre Asociado adquirió unas 150 cuerdas, del antiguo "Berwind Country Club", con el propósito de desarrollar viviendas de precios accesibles a la población de ingresos bajos.[37]

En 1967, el periódico el Mundo presentó en portada de primera plana "Construirán nueva ciudad en terrenos Berwind Club". Con una inversión de 100 millones, se propuso la realización de la "nueva ciudad" de 20,000 habitantes, en el área metropolitana de San Juan. El Gobernador Roberto Sánchez Vilella junto al director ejecutivo de la corporación de Renovación Urbana y Vivienda (CRUV), los jefes (secretarios) de Estado, Fuentes Fluviales, Instrucción Pública, Acueductos y Alcantarillados, Policía, Obras Públicas, Terrenos, Carreteras, Comercio, Deportes y Planificación se

---

[37] Administración de Renovación Urbana y Vivienda, *Diseño urbano finca Berwind*. (Río Piedras: Colección Proyectos misceláneos, 1969).

reunieron buscando colaboración interagencial para el desarrollo de una acción integral para efectuar el proyecto. El gobernador consiente de la magnitud del proyecto quiso con sus jefes de gabinete evitar "los conocidos problemas que siempre surgen en la construcción de urbanizaciones por desconocimiento del status de estos por alguna agencia concernida[38]".

Foto aérea de la construcción del sector Berwind en 1969

Fuente: Junta de Planificación

Entre el 1970 y 1973 se construyeron los primeros edificios multipisos del área de la finca Berwind. Estos se conocen como Valles de Berwind. En las próximas décadas se intensificó el desarrollo de viviendas subsidiadas y de interés

---

[38] El mundo 12 de julio de 1967.

social. En el sector se construyeron 6 unidades multifamiliares de vivienda que incluyeron unas 800 nuevas unidades de vivienda.

A continuación, los complejos de viviendas pública construidos durante finales de la década de 1960:

Residenciales públicos del área de Berwind
Country-Club construidos a finales de 1960

Residencial	Municipio	Cantidad de edificios	Fecha de Ocupación
Jardines de Monte Hatillo	Rio Piedras	58	10/31/66
Jardines de Selles	Rio Piedras	27	05/31/67
Jardines de Country Club	Rio Piedras	15	08/31/68
Residencial San Martin	Rio Piedras	26	08/31/68

Planos de zonificación de construcciones escolares
propuestas para el área de Berwind
Superior Berwind   Intermedia Berwind   Elemental Berwind

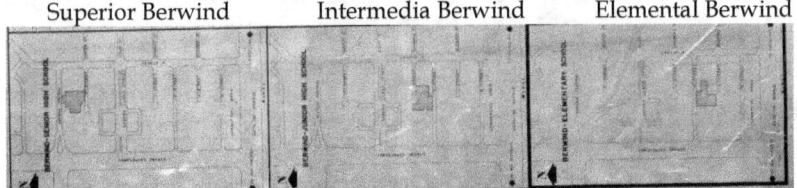

Fuente: Archivo de Arquitectura de la Universidad de Puerto Rico(AACUPR)

Modelo arquitectónico utilizado para las escuelas
Elemental, Intermedia y Superior Berwind

Fuente: AACUPR

49

El desarrollo urbano de la finca Berwind necesitó de escuelas de todos los niveles en el área. Así para el año de 1973, tuvo lugar casi simultáneamente, la construcción de las escuelas Elemental, Intermedia y Superior del sector Berwind.

En el año 2002, bajo la administración de la Gobernadora Sila M. Calderón se construyó, con una inversión total de 4 millones, el complejo de viviendas para las familias del sector "Corea".[39] Las familias que originalmente residían en las Parcelas Falú, se relocalizaron en la parte suroeste de la Finca Berwind. Este fue el más reciente proyecto de viviendas apoyado por el gobierno para personas de escasos recursos económicos en Sabana Llana Norte.

La incorporación de Río Piedras a San Juan: Sus causas

Desde comienzos del siglo XX, el gobierno de la ciudad capital había sugerido la incorporación del Municipio de Río Piedras, debido al avance del aumento demográfico en su jurisdicción. No obstante, no fue hasta mediados del siglo, cuando se le dio paso al proyecto de la Cámara de Representantes de Puerto Rico, num.177 de 1951. Esta pieza legislativa fue suscrita por Juan Meléndez Báez, Rubén Gaztambide Arrillaga y Arcilio Alvarado. El proyecto interesaba, entre otros asuntos, realizar una consulta (referéndum) a la ciudadanía sobre la incorporación. El referéndum se llevaría a cabo el mismo día de las elecciones generales.

La oportunidad de validar el proyecto legislativo tomo fuerza cuando la Junta de Gobierno Municipal de Río Piedras destituyo al alcalde por malversación de los fondos del municipio.[40]

---

[39] Primera Hora. 21 de agosto de 2002.
[40] El alcalde de Río Piedras, Augusto P. Álvarez, fue encontrado culpable de haber utilizado personal del municipio para construir una casa Propiedad de María Encarnación en la comunidad de Hill Brothers desde noviembre de 1947 a febrero de 1949. Irma Martínez. Irma Martínez, *Tesis de maestría: La incorporación de Río Piedra a San Juan.* (Río Piedras: UPR,1961), págs. 54-57.

La pieza legislativa señalaba en su exposición de motivos lo siguiente:[41]

Las municipalidades de San Juan y Río Piedras actualmente tienen perfecta continuidad física, económica y social. No existen barreras ni diferencias que justifiquen la separación legal existente. Esta continuidad se manifiesta en todos los aspectos de la vida de ambos municipios. Las zonas comerciales centrales de San Juan y Santurce sirven a los habitantes de Río Piedras. La plaza de Mercado de Río Piedras también sirve a los habitantes de San Juan. El numero empleados y profesionales con oficinas en San Juan y Santurce que vive en Río Piedras es numeroso. Esta continuidad se hace marcada por el número de viajes entre uno y otro municipio, el cual se estima en más de 10,000 por mes y las comunicaciones telefónicas que se calculan en 45,000 por mes.

La fusión de ambas municipalidades conllevaría un mejoramiento fundamental de los servicios para los habitantes de toda el área y una economía en los gastos administrativos. San Juan contaría con espacio para obras tales como el nuevo hospital municipal, centro de obras públicas, cementerios y nuevos caseríos. Para Río Piedras la consolidación resultaría en un nivel más alto de servicios, la ubicación de obras municipales e insulares que se llevarían a cabo sin la limitación constitucional que hoy separa a ambos municipios y una actividad económica más intensa.

La población del área consolidada alcanzaría a cerca de 400,000 habitantes, constituyendo éste un factor de atracción para el establecimiento de nuevas industrias e inversiones en otras actividades en la nueva capital.

La consolidación legal de esta importante área fortalecerá la autonomía municipal de la nueva unidad al crearse un gran municipio cuya extensión e importancia justificarían se deleguen funciones de mayor alcance.

---

[41] Leyes de Puerto Rico anotadas. (New York: Stony Brook, 1954), pág. 559.

> A pesar de los motivos enumerados, consideramos razonable que solo quede realizada la consolidación, después que los electores de ambos municipios se manifiesten a favor de la misma, a pluralidad de votos.

El proyecto de ley generó una controversia, creando facciones a favor y en contra del mismo. Gaztambide Arrillaga y los favorecedores de la incorporación eran pertenecientes al Partido Popular Democrático (PPD) y tenían el apoyo de la alcaldesa de San Juan Felisa Rincón de Gautier y del Gobernador Luis Muñoz Marín. Por el otro lado, se encontraban en la Alcaldesa interina de Río Piedras, Ángeles Méndez de López, el Sr. German Richehoff, comerciantes y partidarios políticos independentistas y republicanos.

Según el grupo que estaba a favor, las razones para la incorporación riopedrense tenían que ser progresistas y "realistas". La administradora de San Juan sostuvo que: "San Juan se beneficiaría al ampliar su territorio en cinco millas y alcanzar así las 50 millas para dar servicios".[42] Por el contario, la oposición de Río Piedras abogó por su autonomía centenaria, y donde la alcaldesa interina señaló que: la anexión desnaturalizaría la personalidad de Río Piedras"[43] en lo que respectaba a su población y actividad económica. También, la funcionaria se comprometió a mejorar las obras públicas del municipio, a pesar de la poca ayuda prestada por el gobierno insular.

El 4 de junio de 1951 se llevó a cabo la consulta a la ciudadanía. En Río Piedras había 271 colegios electorales. En la zona urbana de Río Piedras y los barrios Amparo, Bella Vista, Caimito, Capetillo, Buen Consejo, Venezuela, Sabana Llana, Monacillo, Las Monjas y otros colegios electorales votaron contra la incorporación.

---

[42] *El Mundo*, 2 de junio 1951, pág. 1.
[43] *Ibid.*

El total de la elección fue 13,111 a favor y 11,802 votos en contra de la fusión municipal. Una diferencia de 1,319 votos que favorecieron a la incorporación.[44]

Efectos de la incorporación

El proyecto de Ley #210 de 4 de agosto de 1951, dispuso que el territorio, propiedad y habitantes que pertenecían y estaban incluidos en el Municipio de Río Piedras dejaran de ser gobernados por las disposiciones de la Ley Núm. 28 de abril de 1923. Para regirse entonces, por la Ley Núm. 210 y la Ley Núm. 99 del 15 de mayo de 1931, como parte correspondiente del cuerpo jurídico y político de la Capital.

Los cuerpos legislativos, ejecutivos y cualquier otro que alguna vez administró el municipio fueron totalmente abolidos y las personas de dichos cuerpos quedaron cesantes, luego que toda la propiedad, fondos y documentos fueran entregados a los funcionarios y empleados nombrados por el gobierno de la Capital.

La incorporación de Río Piedras trajo beneficios económicos y progreso para la Capital. De 1958 al 1959 se construyeron en Río Piedras un total de 2,707 edificios con un valor total de 33,988 millones comparados con 540 que se construyeron en San Juan.[45] La expansión le otorgó al Municipio de San Juan el territorio que fue necesario para la realización de nuevas construcciones. Además, esto supuso que contaría con un mayor presupuesto que se obtendría de los recaudos de los ingresos por contribuciones de las viviendas y urbanizaciones que se construyeran durante la época.

Para 1950, la población de San Juan fue de alrededor de 224,767 habitantes, con un área territorial de 16.21 Km². En

[44] Se sugiere que las barriadas nuevas le dieron la victoria al grupo que favoreció la incorporación. Esto porque Hato Rey y Puerto Nuevo tuvieron votos mayoritarios favorecedores para la incorporación.
[45] *El Mundo*, 2 de junio 1951, pág. 35.

Comparación con Río Piedras, que tuvo antes de su incorporación una población de 143,897 habitantes. El problema con la fusión fue la administración del nuevo territorio. La nueva administración controlaría un territorio con una extensión territorial casi 6 veces mayor que el que tuvo originalmente. Esto imposibilitaría al gobierno de la capital en manejar adecuadamente ambas jurisdicciones.

Presupuestos de los municipios de San Juan y Río Piedras 1945-1952

Año	San Juan	Aumento sobre año anterior	Rio Piedras	Aumento en año anterior
1945-46	2,365,109.68	N/A	358.096.4	N/A
1946-47	2,439,680.70	74,571.02	485,664.15	127,567.74
1947-48	2,681,196.26	248,515.54	543,134.83	57,420.68
1948-49	3,124,081.56	435,885.30	673,240.23	106,757.13
1949-50	3,205,396.13	81,314.59	777,609.48	104,369.25
1950-51	3,608,496.96	403,100.83	N/A	N/A
1951-52	5,617,372.56	2,008,875.60	N/A	N/A

Fuente: Junta de Planificación, Negociado de Economía y Estadísticas, Anuario Estadístico de P.R. 1960.

En la tabla anterior, puede observarse el capital presupuestado para ambos municipios durante 1950-1951. El presupuesto combinado luego de la incorporación fue 4,386,106.44(San Juan aportó 3,608,496.96 y Río Piedras 777,609,48). En la tesis de maestría de Irma Martínez, que analiza la incorporación de Río Piedras a San Juan expone que:

> ...el Municipio de San Juan solicitó añadir un préstamo de medio millón de dólares para atender la administración de ambas jurisdicciones conjuntamente.[46]

---

[46] Irma Martínez, *op. cit.*, pág. 61.

El señalamiento de Martínez demuestra que no tuvieron la solvencia económica necesaria para atender las responsabilidades administrativas que conllevó la expansión jurisdiccional del municipio.

Las razones de los que favorecieron la incorporación para facilitar o mejorar los servicios quedaron desacreditadas con las medidas financieras que tuvo que asumir el gobierno capitalino. Esto significó que la integración no necesariamente garantizó la continuación o la mejoría de los servicios que obtuvo la ciudadanía. Añadido al problema de vivienda, el ejemplo más característico de la afectación de servicios, fue en cuanto a la necesidad imperiosa de escuelas públicas para la población de San Juan. Esta situación se discutirá a continuación.

La educación en Río Piedras

La educación en Río Piedras se limitó durante el siglo XIX a las escuelas elementales. Las escuelas se concentraban en el área urbana del pueblo. El municipio no tenía medios rápidos que conectaran con el resto de su jurisdicción. Así que, la población de la ruralía de Río Piedras careció de los servicios educativos por lo distante de sus comunidades.[47] Durante la primera década del siglo XX, se estableció en el municipio la Escuela Normal. Esta institución tuvo el objetivo de preparar maestros para el país. El rápido crecimiento poblacional y la iniciativa de ampliar la oferta educativa la condujo a convertirse en la Universidad de Puerto Rico, ofreciendo un ambiente urbano e intelectual en la municipalidad.[48] Las escuelas públicas también ampliaron su oferta

---

[47] Marcial Ocasio, *Río Piedras notas para su historia*, pág. 26.
[48] *Ibid.*, pág. 27.

educativa con la construcción de escuelas de todos los niveles.[49] En 1946, con las trasformaciones socioeconómicas y demográficas de la época, se constituyó el distrito escolar de la municipalidad Río Piedras, separando a las escuelas que se localizaban en Trujillo Alto[50].

El distrito escolar se compuso de: una escuela superior, dos escuelas intermedias, dos escuelas elementales e intermedias combinada (organizaciones escolares distintas), once escuelas elementales urbanas, dos segundas unidades rurales y treinta y cuatro escuelas elementales rurales.[51]

El exsecretario de Instrucción Pública, Ángel Quintero Alfaro señalaba sobre la situación escolar que:

> El 44% de los alumnos en la escuela urbana, y el 74 % en la escuela elemental rural, solo tenían tres horas de enseñanza al día. Muchos salones de clases existentes estaban en pésimas condiciones. Las clases estaban congestionadas, los materiales de enseñanza eran escasos y defectuosos.[52]

Si comparamos el número de estudiantes por salón con cada maestro en las escuelas, su promedio aproximado fue de 50 estudiantes. Entendemos que las condiciones laborales del maestro del salón fueron precarias debido al hacinamiento estudiantil. Además, se perjudicaba el desempeño eficiente del proceso de enseñanza debido a la falta de materiales.

---

[49] Departamento de Instrucción Pública, *La comunidad de Río Piedras*: (San Juan: Departamento de Instrucción 1950), pág. 10.
[50] *Ibid.*
[51] *Ibid.*
[52] Ángel Quintero, *op cit.*, pág. 24.

Escuelas, personal docente y cantidad de estudiantes matriculados del distrito de Río Piedras

Escuelas del distrito	Número de maestros	Número de principales	Matrícula 1950-1951
Escuela superior Vila Mayo	60	2	2000
Escuela Intermedia Barbosa A	31	1	920
Escuela Intermedia Ciudad Nueva	17	1	636
Escuela Intermedia Baldrich	27	2	1003
Escuela Elemental Hawthorne	11	1	549
Escuela Elemental Muñoz Rivera	16	1	867
Escuela Elemental Buen Consejo	14	1	799
Escuela Elemental Venezuela	12	1	685
Escuela Elemental López Sicardó	13	1	769
Escuela Elemental Las Monjas	21	1	1282
Escuela Elemental Buena Vista	17	1	1086
Escuela Elemental Bella Vista	15	1	964
Escuela Elemental Quintana	17	1	1029
Escuela Elemental Roosevelt	12	1	641
Escuela Elemental Selles Sola	14	1	925
Escuela Elemental Amparo	11	1	675
Escuela Elemental Puerto Nuevo Sur	11	1	717
Escuela Elemental Puerto Nuevo Norte	10	1	606
Escuela Elemental San José	9	1	635
Segunda Unidad Rural Caimito Esc. Elemental/Intermedia	16	1	789
Segunda Unidad Rural Cupey Esc. Elemental/Intermedia	13	1	596
Amalia Marín (Rural)	6	0	359
Monacillo Bajo	5	0	330
Monacillo Alto (Rural)	6	0	368
Cupey Alto(Rural)	4	0	279
Tortugo	4	0	251
Caimito Bajo Rural	2	0	116
Quebrada Arenas (Rural)	2	0	119
Cupey Marina (Rural)	2	0	111
Morcelo (Rural)	2	0	111
Caimito Adentro (Rural)	1	0	58
Totales	452	26	21,954

Fuente: La comunidad de Río Piedras. Departamento de Instrucción

En conjunto a las problemáticas de hacinamiento, tenemos que considerar la carencia de director escolar que se manifestó en las escuelas rurales, y las condiciones de salubridad y planta física que agravan este tipo de condiciones.[53]

Matrícula Escuelas de Río Piedras

Matrícula	1947-1948	1948-1949	1949-1950
Escuela Superior	1,533	1,746	1,812
Escuelas Intermedias	2,260	2,330	2,621
Esc. Elementales Urbanas	8,197	8,794	9,755
Esc. Elementales Rurales	1,965	2,133	2,883
Artes Industriales	124	1603	1957
Esc. Superior Nocturna	871	668	602
Octavo grado de Extensión	160	150	150
Esc. Elemental de Adultos	507	500	686
Grupos especiales para Veteranos	336	375	289

Fuente: La Comunidad de Río Piedras.

La tabla nos mostró el ritmo continuo de crecimiento de la matrícula de las escuelas elemental, intermedia y superior. Se destaca la gran concentración de población escolar en el área urbana. Además, del aumento de estudiantes en las escuelas rurales. Un aumento que representó un 68% mayor que el que tuvo el periodo de 1947-1948[54].

La matrícula total por grados, en la escuela elemental y por años en la escuela secundaria, durante el segundo semestre del año escolar 1949-50, fue como sigue:

Matrícula total por grados en la escuela elemental, intermedia y superior del Municipio de Río Piedras 1949-50

Escuelas elementales:

Primer grado	2802
Segundo grado	2635
Tercer grado	2357
Cuarto grado	2263
Quinto grado	2231
Sexto grado	1797

---

[53] La década del 1940 se destacó por las malas condiciones salubridad imperantes en los arrabales y sectores pobres de la población. Véase el manual *Problemas de la Comunidad. Departamento de Instrucción Pública.*

[54] El barrio Sabana Llana es considerado rural durante esta época.

	Total	14,085

Escuelas intermedias

Primer año		715
Segundo año		1005
Tercer año		897
	Total	3,182

Escuela Superior

Primer año		715
Segundo año		571
Tercer año		526
	Total	1,812

Fuente: La Comunidad de Río Piedras, Departamento de Instrucción.

Las condiciones educativas no fueron las mejores en estos años, la necesidad de extender la educación a los sectores marginados de la población y tener mejores facilidades educativas fue evidente. En este particular, fue que se encaminó el gobierno del Partido Popular Democrático con sus reformas educativas de las décadas del 1950 y 1960.

Las reformas educativas de 1950: Contexto histórico

La operación "Manos a la Obra" produjo un ritmo acelerado para la industrialización de Puerto Rico, en búsqueda del cambio necesario para unas mejores condiciones materiales para la población. Su estrategia complementaria fue la División de Educación a la Comunidad (DIVEDCO). Esta organización y el Departamento de Instrucción, a través de la escuela Pública tuvieron a cargo la educación del país. La "DIVEDCO" fue un programa de alfabetización de adultos en las áreas rurales y urbanas a través de todo el país. La División también tuvo la responsabilidad de producir materiales cinematográficos e impresos como libros y carteles. Otras instituciones de carácter cultural y educativo fue el Instituto de Cultura Puertorriqueña creada en el año de 1955. Este fue el preámbulo del futuro orquestado por el partido Popular y Muñoz Marín para combatir los males sociales.

Para la década de 1960, el Departamento de Instrucción Pública bajo la dirección del Secretario Cándido Oliveras y el subsecretario Ángel G. Alfaro expusieron la dirección y énfasis educativo a tono con las transformaciones de la época.

> El año escolar 1960-61, siendo el primero del periodo que hemos designado "Década de la Educación", representa el inicio de una serie de nuevos proyectos y orientaciones educativas destinadas acoplar el esfuerzo total del Departamento de Instrucción Pública con las crecientes y cambiantes necesidades del desarrollo social, económico y cultural del país. Al conjunto de esfuerzos en general hemos llamado "reforma educativa", ya que se trata de gestiones especificas encaminadas, bien a plantear, a definir o clarificar finalidades, a renovar o remplazar prácticas y medios, o a corregir deficiencias, así como trazar nuevas metas.[55]

El plan propuesto para llevarse a cabo por los próximos 10 años, fue ambicioso sin duda alguna. Sin embargo, la manera pragmática de trabajo entre Secretario y Subsecretario delineó el proceso de transformación educativa, partiendo de las necesidades particulares que se presentaron en la época. Además, este compromiso programático educativo, había comenzado mucho antes con la División de Educación a la comunidad (DIVEDCO), cuando este organismo, se dedicó a promulgar los valores de solidaridad, importancia de la alfabetización y de autogestión comunitaria para la solución de los problemas más apremiantes de la ciudadanía.[56]

Se desarrolló un innovador programa de escuelas ejemplares. El objetivo fue crear modelos de escuelas escolares para impartir una educación de mayor calidad a una población numerosa. También, tuvo el propósito de preparar a sus estudiantes con una enseñanza similar al rigor de las cátedras universitarias.

---

[55] Ángel Quintero, *op. cit.*, pág. 67- 70.
[56] Cateherine Marsh, *op. cit.*, pág. 62-63.

Desde la perspectiva de Quintero Alfaro su plan educativo buscaba:

> La idea de la escuela ejemplar englobaba significados y posibilidades diferentes; dirigidos, en primera instancia, a producir un cambio dramático en la actitud del magisterio y del país. Se deseaba levantar la "morale" de magisterio y cambiar la estimación hacia la escuela pública.[57]

El Dr. Alfonso López Yustos, subrayó que en esa época el sistema de instrucción pública de Puerto Rico registró un progreso considerable. Sin embargo, el progreso correspondió a un esfuerzo mayormente expansivo y acelerado que, aunque necesario y conveniente, no permitió la atención adecuada en la parte curricular o contenido de las materias. El énfasis en el programa curricular seria la nueva encomienda propuesta para la década de 1960-1970 continuando la transformación educativa del país.

Algunos de los méritos de la reforma educativa propuesta se encuentran en:

- Aumentar las tasas de retención, especialmente en aquellos grados donde registraba mayor deserción.

- El énfasis en la dirección y la supervisión de los programas curriculares le correspondía al subsecretario (Ángel Quintero), y este a su vez le respondía al Secretario.

- La creación de escuelas ejemplares las cuales se someterían a prueba y evaluación para que el concepto se implantara en otras escuelas. Se procuró que hubiese una relación armoniosa entre estudiantes y maestros, a través de una actitud positiva y favorable al proceso de enseñanza aprendizaje. En el 1960, el área de Río

---

[57] Ángel Quintero, *op. cit.*, pág. 46.

Piedras contaba con varias escuelas ejemplares como: las escuelas elementales de Villa Nevares y Eleonor Roosevelt, y las escuelas secundarias: Juan Ponce de León y Juan José Osuna.

- El establecimiento del Kindergarten en las escuelas públicas propulsado por la educadora Josefita Monserrate de Selles. Esta educadora fue la especialista que adiestró los maestros que se encargarían de la educación preescolar. Entre las primeras escuelas que se beneficiaron de la partición de sus maestros de este nivel de enseñanza fueron: las escuelas elementales de Río Piedras, San Juan, Mayagüez, Ponce, Humacao y Arecibo.

- El inicio de programas para estudiantes talentosos. En estos los estudiantes de duodécimo grado participaban de experiencias o cursos académicos universitarios, que podían ser convalidados como cursos básicos en la Universidad de Puerto Rico. Muchas escuelas riopedrense se beneficiaron del programa, como las escuelas superiores: Juan Ponce de León, República de Colombia, Gabriela Mistral, Juan José Osuna y Ramón Vila Mayo.

- El comienzo de la educación de niños y jóvenes con discapacidad de retraso mental, que estuvieran clasificados como educables. A los estudiantes participantes, se le dio la oportunidad de ofrecerle una enseñanza en grupos especiales para satisfacer sus necesidades educativas.

Las reformas educativas durante la incumbencia de Ángel Quintero Alfaro

El Dr. Ángel Quintero Alfaro ha tenido la distinción de haber sido el primero de los Secretarios Instrucción que asciende de subsecretario a Secretario. Los programas de Quintero se ejecutaron apropiadamente con el consentimiento del pasado Secretario Cándido Oliveras de 1960-1964. Este tuvo un momento idóneo para continuar la obra educativa que se había comenzado. De esta manera, se revisaron y se fortalecieron los programas curriculares de todas las materias, las escuelas ejemplares, los programas especiales para estudiantes talentosos, y la educación para niños con discapacidades de retraso mental.

Durante su ejecución innovó en otras áreas como: la experimentación con la enseñanza individualizada, las escuelas sin grados, escuelas modelos e intercambios de maestros en Estados Unidos. Además, se crearon centros de Educación y Trabajo para ofrecer adiestramiento vocacional y académico, orientación individual, práctica obrera, educación en ciudadanía y actividades culturales y recreativas a jóvenes de 16 a 21 años.[58]

El Dr. Quintero Alfaro fue un digno representante y promotor de la educación del país. Sin embargo, al dividirse el partido Popular y ganar la gobernación el Partido Nuevo Progresista del líder estadista Luis Antonio Ferré, la obra educativa planificada y propulsada en la década de 1960, tomaría un giro distinto cambiando sustancialmente su visión y filosofía.

---

[58] Alfonso López, *op. cit.*, pág. 163.

La polarización política y la carencia de una agenda educativa

En 1968, tras Don Luis A. Ferré ser favorecido en las elecciones generales, la filosofía, visión, el proceso planificado programático se detuvo. Esto fue debido a que se regresó a la estrategia de fortalecer el modelo tradicional de enseñanza.

El Secretario elegido por el gobernador Ferré, Ramón Mellado Parsons tuvo que lidiar con los "celos y recelos" de aquellos habían estado controlando la administración de la institución educativa. La lucha de poder empezó cuando se sentaron las bases de la nueva dirección administrativa, trayendo el personal de confianza en los puestos que la ley le permitía. Solo aquellos empleados con permanencia como: maestros, directores escolares, superintendentes no podían ser remplazados. Explica López Yustos, que:

> ...los que habían gobernado por tanto tiempo no se resignaron a perder el control...y los nuevos representantes, buscaban consolidar su poder político con la mayor premura.

La minoría que recién comenzaba a dirigir la institución se encontraba en una franca disputa por el control de ejercer su autoridad en la institución educativa, dando lugar a una pugna partidista dentro de esas facilidades públicas.

Al comienzo de la década del 1960, Quintero Alfaro ya había tenido una preocupación por la lucha de poder por la agencia educativa. Esto tuvo lugar cuando el gobernador Luis Muñoz Marín debía seleccionar al Secretario durante el periodo de 1960-1964. Este arguye en su obra: "temía que se le diera prioridad a los asuntos administrativos y políticos, de carácter partidista, sobre los educativos". Su legítima preocupación por la educación del momento, también la manifestó durante el segundo periodo en que el Partido Popular vence en las elecciones generales de 1964-1968. El educador expuso:

> Tenía la convicción, además que uno de los problemas de que se resentía el Departamento de Instrucción se debía precisamente a los cambios que ocurrían entre un secretario y otro, por la forma en que se efectuaban los cambios.

El Dr. Quintero Alfaro alude a las diferencias en el criterio, estilo, prioridades y manera de operar que son fundamentales para dirigir la agencia. Por tal razón, hace referencia al panorama que caracterizaba el proceder decisional que se ejecutaba en la Institución:

> Se había desarrollado un patrón de acción y de actitud que vino a ser característico de la institución. Las decisiones principales se tomaban por un grupo pequeño de personas, y se llevaban a la práctica más en base de la autoridad de las personas, a cargo de la dirección que del estudio y la deliberación. Hasta 1952 esa autoridad dependía de un poder externo, lo creo un sentido de dependencia, con las ambivalencias que esta dependencia ocasiona. En un sistema organizado así era corriente atribuir los defectos y virtudes de la institución a la persona que ejercía la autoridad. El autoritarismo, la dependencia y el personalismo, tres de los males mayores que estaban ligados al desarrollo histórico puertorriqueño, se manifestaba en el Departamento de Instrucción con la mayor crudeza.

Otro exsecretario de Instrucción, este nombrado por un gobernador perteneciente al Partido Nuevo Progresista (PNP), Carlos Chardón (1977-1980) y (2009-2010) aceptó y confirmó la gran influencia político partidista que impide la planificación estratégica del futuro educativo del país, cuando señaló que:

> La función de la escuela pública siempre ha sido política y eso yo lo rechazo…los partidos se nutren de las licencias

que se le otorgan a los empleados del Departamento para que vayan hacer campaña.[59]

El exsecretario Chardón continúa justificando las acciones administrativas de la agencia cuando hace la salvedad que en ésta:

> Nosotros bailamos el ritmo de los fondos federales. A nosotros nos dan 500 millones de dólares al año para educación, más otras propuestas. Esto quiere decir que quien establece la agenda de educación en Puerto Rico es el gobierno federal. Aquí no hay una agenda educativa nuestra...[60]

El caso más reciente en que el partidismo político alteró algún indicio de reforma del sistema educativo, fue el establecido con la Ley Número 149 del 30 de junio de 1999 (La Ley Orgánica del Departamento de Educación Pública de Puerto Rico). La misma estableció una nueva política pública, así como la creación de un sistema basado en escuelas de la comunidad con autonomía académica, fiscal y administrativa. Según indicaron los estudios realizados, el sistema aparentó lograr su cometido, gracias al adiestramiento adecuado del personal. Sin embargo, el resto de las unidades no recibieron el adiestramiento ni la orientación necesaria para la implantación funcional de los nuevos requerimientos de ley, conduciendo la Reforma al fracaso. Según Nyvea Silva, "el desconocimiento y la falta de apoyo por parte del Departamento de Educación por avecinarse el tiempo electoral se "desplomó".[61]

Estas situaciones se han entronizado durante décadas en la Agencia, han malogrado el esfuerzo de aquellos que han anhelado realizar cambios educativos de envergadura en el

---

[59] Instituto de Política Educativa para el Desarrollo Comunitario.

[60] Ana Teresa Toro, "A la deriva la educación pública", *Dialogo*, agosto-septiembre de 2009, pág. 4.

[61] Nyvea Silva es Directora Ejecutiva del Instituto de Política Educativa para el Desarrollo Comunitario (IPEDco).

país. La carencia de un proyecto educativo sistemático prospectivo impide grandemente el desarrollo socioeducativo del país.

En San Juan durante la década de 1960, los indicadores educativos mostraron que el por ciento de alfabetismo fue de 89.77% de la población.[62] El ritmo ascendente de la alfabetización continua hasta los años 1970 y 1980, cuando alcanzó un 93.85%. Lo que demuestra el gran avance de las reformas educativas de la época. Por otro lado, en la década de 1990, el porciento de alfabetización fue disminuyendo paulatinamente hasta llegar a un 92.85%.

Perfil educativo del Barrio Sabana Llana

Matrícula de las escuelas públicas del Municipio de San Juan 1996-2000

	1996	1997	1998	1999	2000
Escuelas públicas	131	133	133	134	134
Kínder	3,528	3,484	3,711	3,780	3,782
Elemental	26,206	26,529	26,473	26,010	25,481
Intermedia	11,998	11,879	11,897	11,557	11,389
Superior	8,401	8,673	8,857	9,266	10,153
Matrícula total	50,419	50,565	50,938	50,613	50,805

Porcentaje de bajas escolares en las escuelas públicas del Municipio de San Juan 1996-2000

Niveles Educativos	Años				
	1996	1997	1998	1999	2000
Elemental	0.12	0.12	0.10	0.10	0.08
Intermedia	1.55	1.55	1.34	0.68	0.54
Superior	1.12	1.11	0.63	0.66	0.75
Porcentaje total	2.79	2.78	2.07	1.44	1.37

De 1990 al 2000, San Juan aumentó la cantidad de estudiantes (50,805) y el número de escuelas públicas a 134. Compuestas por elementales, intermedias y superiores. A

---

[62] Junta de Planificación. *Indicadores Socioeconómicos por Municipio 2000*. San Juan: Junta de Planificación, 2000), pág. 714.

pesar que en el renglón de las bajas escolares hubo una pequeña disminución, el por ciento en el nivel intermedio y superior fueron los mayores en el municipio al final de la década.

Perfil general de la educación en el Municipio de San Juan

Datos censales	1960	1970	1980	1990	2000
Residencia 5 años antes del censo					
Otra residencia en PR	181,568	152,028	104,654	135,084	135,461
Mismo municipio	138,376	120,038	64,732	98,458	74,704
Otro municipio	43,192	31,990	39,922	36,626	39,038
Personas residiendo fuera de PR	21,176	34,814	16,027	20,482	21,719
Residencia no informada	516	26,278	12,323	ND	ND
Educación					
Población de 10 años o más	338,404	372,188	361,740	372,688	ND
Alfabetos	303,816	349,327	336,541	345,060	ND
Analfabetas	32,084	22,861	25,199	25,628	ND
Porciento de alfabetismo	89.77	93.85	93.03	92.85	ND
Porciento de analfabetismo	9.48	6.14	6.96	7.14	ND
Mediana años escuela completados	7.80	9.60	12.19	12.00	ND
Empleo					
Población de 16 años o más	296,992	315,248	317,150	331,743	339,243
Grupo trabajador	137,840	140,677	137,736	160,485	150,180
Empleados	129,934	133,768	122,367	135,661	129,434
Desempleados	7,820	6,909	15,369	24,821	20,554
Tasa de participación	46.41	44.62	43.42	48.37	44.26
Tasa de desempleo	5.67	4.91	11.15	15.46	13.65
Ingresos/ Núm. Familias por nivel de ingresos					
Menos de $1,000	ND	ND	10,651	7,041	
$1,000 - $2,499	ND	ND	9,151	7,713	
$2,500 - $4,999	ND	ND	17,385	12,450	
$5,000 - $7,499	ND	ND	16,722	11,431	
$7,500 - $9,999	ND	ND	11,210	10,155	
$10,000 - $12,499	ND	ND	9,156	8,541	
$12,500 - $14,999	ND	ND	6,491	7,081	
$15,000 - $24,999	ND	ND	16,282	19,511	
$25,000 o más	ND	ND	12,267	29,589	
Menos de $5,000	ND	ND	37,187	27,204	
$5,000 – $9,999	ND	ND	27,912	21,586	
$10,000 - $14,999	ND	ND	15,147	15,622	
$15,000 y más	ND	ND	28,549	49,100	

Fuente: Junta de Planificación. Indicadores socioeconómicos

De acuerdo con el Censo, el barrio Sabana Llana Norte contó con 10,055 (100%) en edad escolar (3 años en adelante) participaron de los programas o niveles escolares del sector.

Estos se subdividen en pre escolares 7.4%, Kindergarten, 5.9% escuela primaria (primero a octavo grado) 44%, escuela secundaria (noveno grado a duodécimo grado) 21.8%. Los graduados de escuela superior fueron 24.3%. Sin embargo, el nivel educativo disminuye a medida que observamos aquellos con estudios universitarios. Los que obtuvieron grados asociados fueron un 8.7%, bachillerato 12.4% y los profesionales graduados 4%. Hay que considerar el por ciento tan alto de personas que no terminaron la escuela elemental (menos de noveno grado) y los que no terminaron la escuela secundaria (sin diploma de noveno y 4to año), siendo un total combinado de 36% de la población en edad escolar.

Perfil de Características socioeducativas del Barrio Sabana Llana de San Juan

Matrícula escolar	Población	Porciento
Personas matriculadas con de 3años o más.	10,055	100%
Preescolares	747	7.4%
Kindergarten	597	5.9%
Escuela primaria (primer a octavo grado)	4,425	44%
Escuela Secundaria (noveno grado a duodécimo grado)	2,191	21.8%
Universitarios	2095	20.18%
Características educativas		
Menos de noveno	4,113	21.3%
Sin diploma de noveno y 4 año	2,951	15.3%
Graduados de escuela superior	4,694	24.3%
No diploma Univ.	2,724	14.1
Grado asociado	1,677	8.7%
Bachillerato	2,397	12.4
Profesionales Graduados	774	4%
Graduados escuela superior		63.5%
Bachillerato o más		16.4%

US. Census Bureau. Profile of selected Characteristics: 2010

Perfil socioeducativo de las escuelas en Berwind

Nuestra área de estudio es parte de la Región Educativa de San Juan y del Distrito Escolar San Juan II. El sector cuenta con 3 escuelas públicas que pertenecen al nivel elemental, intermedio y superior. La matrícula que asiste a dichas escuelas proviene de los siguientes residenciales públicos y Comunidades Especiales[63]: Parcelas Falú, Hill Brothers, Los Peña y El Polvorín; y de los Residenciales Públicos adyacentes como; Jardines de Country Club, Jardines de Berwind, Jardines de Monte Hatillo, Monte Park, San Martín y Jardines de Selles[64]. Los tres niveles escolares cuentan con personal docente altamente cualificados[65], al igual que con personal clasificado en las áreas de Comedor Escolar, Conserjes, entre otros. Tienen, además, un personal de Apoyo; Trabajo Social, Consejero y maestro Bibliotecario, quienes atienden las necesidades del estudiantado en el área académica, social y emocional.

Matrícula y nivel de pobreza: escuelas de Berwind año 2004-2006

Escuela	Matrícula total =1524	Bajo Nivel total =1377	90.35%
Elemental	460	449	97.61%
Intermedia	534	495	92.70%
Superior	530	433	81.70%

Matrícula y nivel de pobreza: escuelas Berwind año 2005-2006

Escuela	Matrícula total =1459	Bajo Nivel total =1318	90.33%
Elemental	447	425	95.08%
Intermedia	541	501	92.61%
Superior	471	392	83.23%

---

[63] *Ley 1 de 1 de marzo de 2001*. Ley para el Desarrollo Integral de las Comunidades Especiales.

[64] Escuela Intermedia Berwind, *Plan Comprensivo Escolar año Escolar 2008-2009*. (San Juan: Departamento de Educación, 2008), pág. 5.

[65] Las escuelas cumplen con la ley No Child Left Behind en cuanto al requisito para la cualificación de los docentes en el peritaje de su materia.

Matrícula y nivel de pobreza: escuelas Berwind año 2006-2007

Escuela	Matrícula total =1438	Bajo Nivel total =1337	92.97%
Elemental	379	375	98.94%
Intermedia	575	567	98.61%
Superior	484	395	81.61%

Matrícula y nivel de pobreza: escuelas Berwind año 2007-2008

Escuela	Matrícula total =1230	Bajo Nivel total =999	81.21%
Elemental	348	273	78.45%
Intermedia	455	399	87.69%
Superior	427	327	76.58%

Matrícula y nivel de pobreza: escuelas Berwind año 2008-2009

Escuela	Matrícula total = 1228	Bajo Nivel total = 1027	83.63%
Elemental	383	332	86.68%
Intermedia	461	421	91.32%
Superior	384	274	71.35%

Matrícula y nivel de pobreza: escuelas Berwind año 2009-2010

Escuela	Matrícula total = 1162	Bajo Nivel total =908	78.14%
Elemental	381	289	75.85%
Intermedia	388	341	87.89%
Superior	393	278	70.74%

Matrícula y nivel de pobreza: escuelas Berwind año 2010-2011

Escuela	Matrícula total = 1247	Bajo Nivel total = 874	70.08%
Elemental	388	166	49%
Intermedia	506	436	86%
Superior	353	272	84%

Fuente: Departamento de Educación

El número de estudiantes en la matrícula escolar en los niveles mencionados fue disminuyendo paulatinamente. El caso más notable es el de la escuela elemental que redujo su matrícula 19% del año 2004 al 2008.

La población escolar que asistió en todos los niveles estuvo en el nivel de pobreza. Se destacaron porcientos de pobreza de hasta 97.61% en el año 2004. Sin embargo, al reducirse la población escolar en el año 2008, el porciento del nivel de pobreza también lo hizo, llegando a 78.45% en la escuela elemental, y un 76.58% en la escuela superior.

En el renglón del aprovechamiento académico, tomamos el nivel de ejecución en las Pruebas Puertorriqueñas de aprovechamiento Académico (PPAA) escolar durante el año escolar 2010-2011. La prueba nos ofrece una idea del rumbo académico que se conducen las escuelas Berwind, en comparación al resto de las escuelas de la Isla.[66] Todas las escuelas del área de Berwind participaron de las evaluaciones de las PPAA. Estos instrumentos de evaluación consideran las destrezas de los cursos de español, inglés y matemáticas. Para aprobar, los estudiantes deben calificarse en los niveles de Proficiente y Avanzado, y Pre básico y Básico para determinar rezagos académicos según el porciento de ejecución estipulado por el Departamento de Educación.

Resumen de resultados de las destrezas de Español en las Pruebas Puertorriqueñas de aprovechamiento Académico de las escuelas elemental, intermedia y superior Berwind: Año Escolar 2010-2011

Escuelas y Grados	Porcentaje de estudiantes examinados	Porcentaje de estudiantes Pre básico	Porcentaje de estudiantes Básico	Porcentaje de estudiantes Proficiente	Porcentaje de estudiantes Avanzado
Elemental 6° grado	100%	46%	38%	10%	5%
Intermedia 8° grado	98%	29%	48%	13%	10%
Superior 11° grado	99%	14%	49%	24%	14%

Informe de la Escuela: Resultados por Grado
Departamento de Educación de Puerto Rico

[66] Los esfuerzos por obtener el aprovechamiento escolar de las escuelas participantes fueron infructuosos. En su lugar se tuvo acceso a los resultados de las Pruebas Puertorriqueñas del año escolar 2008-2009.

Los estudiantes de la escuela elemental del sexto grado fueron examinados en el área de español, los datos reflejaron que solo aprobó un 15% de los estudiantes examinados. El restante 85% estaba clasificado y agrupado en Pre básico y Básico en sus conocimientos en la materia.[67] En el curso de inglés como segundo idioma, los estudiantes que aprobaron fue solo un 18%. En matemáticas fue el peor de los casos, porque el porciento total de los examinados recayó en la clasificación de básicos (72%) y pre básicos (28%).

Resumen de resultados de las destrezas de Inglés en las Pruebas Puertorriqueñas de Aprovechamiento Académico en escuelas elemental, intermedia y superior Berwind: Año Escolar 2010-2011

Escuelas y Grados	Porcentaje de estudiantes participantes	Porcentaje de estudiantes Pre básico	Porcentaje de estudiantes Básico	Porcentaje de estudiantes Proficiente	Porcentaje de estudiante Avanzados
Elemental 6° grado	99%	44%	38%	18%	0%
Intermedia 8° grado	98%	50%	34%	12%	5%
Superior 11° grado	97%	20%	39%	23%	17%

En la escuela intermedia, el grupo seleccionado fue el octavo grado. En el área de español, solo el 23% aprobó las destrezas. En el curso de inglés como segundo idioma, un 17% aprobaron y en matemáticas, solo 1% de los examinados aprobó, habiendo un 54% de estos en la clasificación de pre básico y 45% en básico.

En la escuela superior el panorama del aprovechamiento académico es similar. Se examinaron 117 estudiantes (98% del estudiantado) del grado undécimo. En el área de español 34% aprobaron las destrezas. En inglés como segundo

---

[67] Las Pruebas Puertorriqueñas de Aprovechamiento Académico se califican en Pre básico, Básico, Proficiente y Avanzado, según los porcentajes obtenidos basados por el número de preguntas contestadas y los estándares y expectativas para el grado del Departamento de Educación de Puerto Rico.

idioma aprobaron 40%, y en matemáticas 1%. Por consiguiente, los clasificados en pre básico fueron 23% y 76% aquellos que obtuvieron un nivel básico.

Resumen de los resultados de las destrezas de Matemáticas en las Pruebas Puertorriqueñas de Aprovechamiento Académico de escuelas elemental, intermedia y superior Berwind: Año Escolar 2010-2011

Escuelas y Grados	Porcentaje de estudiantes participantes	Porcentaje de estudiantes Pre básicos	Porcentaje de estudiantes Básico	Porcentaje de estudiantes Proficiente	Porcentaje de estudiante Avanzados
Elemental 6° grado	100%	72%	28%	0%	0%
Intermedia 8° grado	99%	54%	45%	1%	0%
Superior 11° grado	99%	23%	76%	1%	0%

Informe de la Escuela: Resultados por Grado
Departamento de Educación de Puerto Rico

Estos datos reflejan la gran problemática educativa del sector. Los estudiantes de todos los niveles educativos en el sector no adquirieron las destrezas necesarias en las materias básicas para el grado. Pese a los recursos que invierte el estado para estos fines. De todas las materias, las matemáticas deben ser la de mayor atención. Estas no reflejan ninguna mejoría en los niveles educativos examinados.

Aparenta ser, que los problemas comunes o repetitivos periodo tras periodo académico, que comparten las escuelas del área tienen una relación estrecha con la desigualdad social y económica, y la baja escolaridad del componente poblacional del sector contribuyeron a minar el aprovechamiento académico de los estudiantes del sector Berwind.

CAPÍTULO IV

DESIGUALDAD Y POBREZA EN EL BARRIO SABANA LLANA

Panorama socio económico de Puerto Rico de 1960 al 1970

A pesar de las políticas socioeconómicas y del modelo de industrialización implantado. El modelo de industrialización puertorriqueña no logro disminuir del todo el problema de la pobreza. Este dependía de mano de obra diestra para ser empleada en las industrias que solicitaban. Además, no había suficientes empleos para la cantidad de personas desempleadas[68]. Según la Dra. Linda Colon señalaba que:

> ...fue evidente que la industrialización no resolvería automáticamente la pobreza, pues aun cuando los indicadores de modernización habían cambiado favorablemente, aquellos que reflejaban redistribución de riqueza se habían mantenido iguales y en algunos casos, empeorado.[69]

Para 1964, en el ensayo *El futuro ideológico del Partido Popular Democrático*, se describía la situación de las familias puertorriqueñas de la siguiente forma:

> Los nuevos programas de desarrollo económico han tenido muy poco impacto sobre el grupo trabajador desempleado. Este era el 11% en 1940, en 1950 aumento a 13% y en 1961 todavía era de 11%. Esta cifra no incluye las 170,000 personas que trabajaban menos de 35 horas semanales. Esta situación se explica en parte debido a que los nuevos trabajos lo que han hecho es absorber personas de categorías menos diestras o que estaban realizando tareas parciales.

---

[68] Linda Colón. *Pobreza en Puerto Rico: Radiografía del proyecto Americano* (San Juan: Luna Nueva, 2006), pág. 211.
[69] *Ibid.*, pág. 218.

A pesar del progreso alcanzado a través de los programas de desarrollo económico existen 30,090 familias (150,000 seres humanos) en el área que circundaba a la capital solamente, que viven en condiciones de extrema pobreza y 120,000 familias que recibían ayuda del Programa de distribución de Alimentos en julio de 1961. Estas 120,000 familias se desglosan en 96,000 familias que reciben Asistencia Pública y Alimentos Federales y 24,000 familias que por tener pacientes en la Unidad de Salud Pública, reciben alimentos Federales.[70]

Las condiciones de pobreza de la década del 1970 se agravaron mucho más debido a la existencia de grandes arrabales en las zonas urbanas. Pese a los esfuerzos realizados, los fondos invertidos para financiar el desarrollo habían sido insuficientes. En un artículo del periódico *El Mundo*, se indicaba que de acuerdo con un informe de gobierno la situación de las familias era la siguiente:

De un total estimado en 484,000 familias, 156,000 viven en casas alquiladas; 210,000 familias no son dueñas del solar en que residen; 358,000 familias viven desprovistas de algunos o de todos los servicios sanitarios; 231,000 familias carecen de una vivienda adecuada y segura; 226,000 no tienen agua corriente potable por tubería ni siquiera plumas públicas. Aun 100,000 familias no tienen alumbrado eléctrico; 43,000 familias ni si quiera tienen letrinas; 254,000 familias carecen de baño o ducha para aseo personal; 281,000 familias se ven obligadas a disponer de las aguas negras en el patio; amén de otras grandes necesidades, entre ellas: falta de protección policiaca adecuada para vidas y propiedades, falta de escuelas, bibliotecas, falta de mejores servicios de transporte y falta de trabajo para tanto desempleado.[71]

---

[70] Luis Nieves Falcón. "El Futuro Ideológico del Partido Popular Democrático" *Revista de Ciencias Sociales* (1965), IX, 3.
[71] *El Mundo*, 5 de enero de 1964, pág.6

Población total del Municipio de San Juan y sus barrios 1950-1970

Area Geográfica	Población Total 1950	Población Total 1960	Población Total 1970[1]
	2,210,703	2,349,544	2,712,033
San Juan municipio7	368,756	451,658	463,242
Caimito barrio	4,588	6,987	13,268
Cupey barrio	4,125	6,701	19,301
El Cinco barrio	2,330	6,535	8,132
Gobernador Piñero barrio	23,079	60,959	59,896
Hato Rey Central barrio	27,327	28,745	28,327
Hato Rey Norte barrio	8,282	18,658	18,525
Hato Rey Sur barrio	14,908	11,947	13,687
Monacillo barrio	413	1,625	9,850
Monacillo Urbano barrio	7,210	18,058	26,376
Oriente barrio	14,595	34,985	43,194
Pueblo barrio	22,532	19,591	11,296
Quebrada Arenas barrio	1,261	1,242	1,832
Sabana Llana Norte barrio	3,634	17,906	34,900
Sabana Llana Sur barrio	4,801	10,424	28,349
San Juan Antiguo barrio	29,760	22,095	13,053
Santurce barrio	195,007	178,179	128,232
Tortugo barrio	1,164	2,726	2,316
Universidad barrio	3,740	4,295	2,708

Fuente: Negociado del Censo Federal, Censos de Población de Puerto Rico
Años 1950-2000 y Junta de Planificación
Programa de Planificación Económica y Social, Oficina del Censo

Perfil socioeconómico comparativo del Municipio de San Juan y el barrio Sabana Llana

Analizando los datos censales de la tabla anterior, observamos que desde 1950 San Juan se perfiló como el municipio de mayor crecimiento poblacional de la Isla, con un total poblacional de 368,756 habitantes. De la misma manera sus barrios tuvieron un aumento significativo. Para este tiempo, el barrio Sabana Llana fue considerado parte de la zona rural del municipio. Por lo tanto, no fue atendido de manera diligente como las áreas más urbanizadas. Esto fue debido a que los mayores esfuerzos de industrialización y construcción durante la época se centraron en los lugares urbanos de la capital. La población de Sabana Llana aumentó de 3,634 a 17,906 en habitantes. Fue un crecimiento poblacional total de un de 20.29%[72] que se obtuvo para 1960.

Para la década del 1970, podemos contar con una población en Sabana Llana Norte de 34,900 y en Sabana Llana Sur con un total de 28,349. Esto es un total combinado de 63,249, un promedio de 44.8% de aumento poblacional. Los datos censales no nos proveyeron información específica del ingreso familiar o personal por barrios, hasta que fueron añadidos por exigencia de las agencias federales en el Censo del año 2000. Sin embargo, contamos con el ingreso per Cápita para nuestro análisis

Ingreso Per Cápita del Municipio de San Juan 1970-2000

Mun. San Juan	Censo 1970	Censo 1980	Censo 1990	Censo 2000
Ingr. Per Cápita	$1,593	$3,383	$6,383	$12,437

Fuente: Junta de Planificación. Oficina del Censo

En 1970, la población del área de San Juan tuvo el ingreso Per cápita más elevado en la Isla con unos $1,593 dólares anuales. Este dato en conjunto con la necesidad de trabajo y la obtención de empleos, nos ofrece un factor que motivó el desplazamiento de la población rural hacia los centros urbanos de San Juan, y por consiguiente al gran crecimiento poblacional que tuvo el barrio Sabana Llana durante la época.

---

[72] Junta de Planificación de Puerto Rico, *Municipio de Río Piedras: Memoria suplementaria al mapa de límites del municipio y sus barrios.* (San Juan: Junta de Planificación, 1955), pág. 50.

Indicadores socioeconómicos del empleo en el Municipio de San Juan 1960-2000

Empleo	1960	1970	1980	1990	2000
Población de 16 años y mas	296,992	315,248	317,150	331,743	339,243
Grupo trabajador	137,840	140,677	137,736	160,485	150,180
Empleados	129,984	133,768	122,367	135,664	129,630
Desempleados	7,820	6,909	15,369	24,821	20,550
Tasa de participación	46.41	44.62	43.42	48.37	44.26
Tasa de desempleo	5.67	4.91	11.15	15.46	13.68

Fuente: Junta de Planificación

El grupo trabajador, que son todos aquellos aptos para trabajar desde los 16 años en adelante, formaban 140,677 personas. De estos, se encontraban empleados 133,768 personas y 6,909 desempleados.[73] El desempleo solo representó un 4.91% durante la época, con una diferencia de 0.76% menos comparado al Censo de 1960. Aunque no se encontraron datos sobre familias bajo el nivel de pobreza, cabe señalar que en este periodo fue que se implantó el modelo industrial en el área de San Juan. El modelo significó un alivio para las condiciones de vida del municipio.

El Censo de 1980, el ingreso per Cápita del municipio continúo con un ritmo ascendente, esta vez aumentó a $3,383 dólares, seguía siendo uno de los más altos de Puerto Rico. Pero, contrasta grandemente con las condiciones de vida de la población de Sabana Llana. El ingreso principal por el cual subsistían las familias provenía de los programas de ayuda nutricional, y la gran cantidad de viviendas establecidas en el sector eran residenciales públicos subsidiados por el gobierno[74]. Según la Dra. Linda Colón, explica que:

---

[73] Junta de Planificación. *op. cit.*, pág. 714.

[74] El Censo de 1980 y otras Fuentes primarias consultadas de la época no ofrecen información sobre la cantidad de familias en los residenciales públicos de San Juan. Sin embargo, la Dra. Linda Colón ofrece datos de los residenciales de San Juan y de la cantidad de unidades que ocupan por familia. En *Sobrevivencia, Pobreza y Mantengo La Política asistencialista estadounidense en Puerto Rico: el PAN y el TANF*. (San Juan: Ediciones Callejón, 2011), págs. 292-293.

A partir de 1975 comenzó una etapa en el asistencialismo basada en la transferencia masiva de fondos federales a las personas debido a la extensión a Puerto Rico del Programa de Cupones de Alimentos. El mismo llego a incluir el 60% de las familias puertorriqueñas y dio paso a una política social dependiente hasta el siglo XXI.

Entre los programas federales a que han tenido acceso los sectores pobres en Puerto Rico se encuentran el plan 8 para el subsidio de viviendas, el Programa de Asistencia nutricional, Medicaid, Aid for Families with Dependent Children (AFDC), Jobs y las Becas PELL. Cada uno de estos programas canaliza fondos gubernamentales hacia las familias pobres para resolver necesidades de educación, salud, vivienda, trabajo y alimentación.[75]

En el área de San Juan hubo unas 47,338 familias por debajo del nivel de pobreza[76]. El ingreso obtenido representó menos de $5,000 dólares anuales, o sea, un 43% de las familias del municipio no tuvo unas condiciones de vida apropiada y decente. Esto explica la gran necesidad de las ayudas económicas federales que suplió el estado para atender esta problemática social. El grupo trabajador fue de 137,736. De los cuales se encontraban empleados 122,367 y desempleados 15,369 personas. Se reflejó una tasa de desempleo de11.15% personas. Esto significa que hubo un aumento de 6.24% de desempleados más, que en el Censo de 1970.

Indicadores de Ingreso por familias bajo el nivel de pobreza en el Municipio de San Juan 1960-1990

	1960	1970	1980	1990
Ingreso promedio	2,437	4,418	7,668	12,332
Total de familias	92,484	193,068	109,325	113,512
Familias bajo nivel de pobreza	N/D	44,521	47,338	50,821
Por ciento de familia bajo nivel de pobreza	N/D	43.2	43.29	44

Fuente: Junta de Planificación

---

[75] Linda Colón, *op. cit.*, pág. 236.
[76] Indicadores Económicos, *op. cit.*, pág. 398.

En las últimas dos décadas, no se vislumbró una mejoría en el renglón de los ingresos. Los indicadores económicos y censales mostraron que para 1990 el ingreso promedio en San Juan tuvo un aumento de $12,332 dólares. Sin embargo, el número de familias bajo el nivel de pobreza aumentó de 47,338 en 1980 a 50,821 en 1990.[77] Esto fue una diferencia de 3,483 familias respecto al censo anterior. Los datos nos muestran un patrón en el aumento de la pobreza en San Juan.

En 1996, los indicadores socioeconómicos del municipio indicaron el nivel más alto de participantes de asistencia económica. Se componían de unas 47, 946 familias (128,646 personas), siendo los más necesitados los niños y los ancianos.[78] Este patrón provocó el efecto de una mayor dependencia económica de ayudas gubernamentales federales, afectando la población de Sabana Llana.

Participantes del Programa de Asistencia Nutricional del Municipio San Juan de 1996-2000

	1996	1997	1998	1999	2000
Familias	47,946	47,209	42,242	40,264	37,925
Personas	128,646	125,449	107,449	99,683	92,767
Valor (millones $)	105.10	107.60	104.50	99.90	99.80
Categorías					
Ancianos	2,430	1,663	N/D	N//D	1,360
Ciegos	25	19	N/D	N/D	4,637
Niños necesitados	10,105	7,810	N/D	N/D	4,637
Incapacitados	3,342	2,657	N/D	N/D	2,500
Ayuda general	27	13	N/D	N/D	6
Niños tutores	131	109	N/D	N/D	58
Total	16,060	12,271	N/D	N/D	8,574

Fuente: Junta de Planificación

[77] Indicadores Socioeconómicos por Municipio 1995. Junta de Planificación, pág. 647.

[78] Indicadores Socioeconómicos por Municipio 2000. Junta de Planificación, pág. 706.

Junta de Planificación: Indicadores Socioeconómicos de San Juan

	1996	1997	1998	1999	2000
Manufactura					
Salario anual promedio	18,951	19,353	20,787	21,187	21,369
Transportación, comunicación y utilidades públicas					
Empleo promedio anual	16,421	15,838	15,729	16,634	16,101
Salario anual promedio	27,868	26,812	29,376	30,489	30,468
Comercio al por mayor					
Empleo promedio anual	16,421	15,838	15,729	16,634	16,101
Salario anual promedio	23,790	24,245	25,660	27,331	27,520
Comercio al detal					
Empleo promedio anual	45,009	47,462	48,280	51,383	48,900
Salario anual promedio	11,895	12,468	13,213	13,492	14,350
Finanzas, seguros y bienes raíces					
Empleo promedio anual	28,138	29,612	31,078	31,463	31,057
Salario anual promedio	25,050	26,533	27,037	28,992	31,151
Servicios					
Empleo promedio anual	93,305	95,334	95,034	97,641	47,817
Salario anual promedio	16,663	17,480	18,517	19,607	20,386
Administración pública					
Empleo promedio anual	75,013	74,240	70,233	71,913	78,555
Salario anual promedio	17,349	18,478	19,614	20,314	21,112
Otros establecimientos					
Empleo promedio anual	1,020	563	783	954	919
Salario anual promedio	23,328	18,314	17,466	15,256	19,778
Fuerza trabajadora					
Grupo trabajador	164,969	163,374	164,743	165,285	169,259

Fuente: Junta de Planificación

Los indicadores socioeconómicos de 1996 al 2000, destacaron en el renglón de la composición industrial, las áreas en que el municipio tuvo su mayor fuerza trabajadora. Las áreas fueron las siguiente: el área de los servicios en general, con un promedio de 97,817 empleos de promedio anual. El segundo más prominente fue administración pública con 78,555 y el tercero, el área de comercio al detal con 48,900 empleos promedio al año.

La realidad fue que, en San Juan, el grupo trabajador aumentaba con los años, pero no, de la misma manera los empleos. Este sector que representó el 37% de la población total, unos 24,821 fueron parte integral de la tasa de desempleo, que aumentó a un 15.46% para el final de esta década.[79]

---

[79] Indicadores Socioeconómicos por Municipio, año 2000. Junta de Planificación, pág. 714.

Según el censo del 2000, la población de San Juan fue de 434,374 habitantes y 32,361 se localizaban en Sabana Llana Norte. Los datos estadísticos del Departamento del Trabajo señalaron que la fuerza trabajadora sanjuanera se estimaba en unos 174,100, de los cuales unos 161,200 se encontraban empleados. La tasa de desempleo fue de 7.8%. No obstante, podemos señalar basándonos en los datos provistos de la población del municipio y la población de desempleados, que hay muchas más de 12,900[80] personas en edad productiva que no tenían ni estaban solicitando empleo. Las áreas ocupacionales que se desempeñaron las personas del barrio, según los datos del censo de 2010 se presentan a continuación:

Dentro de la población femenina:
- Construcción y mantenimiento: 0%
- Oficina y ventas: 49%
- Servicios: 23%
- Profesionales: 28%

Dentro de la población masculina:
- Construcción y mantenimiento: 20%
- Oficina y ventas: 34%
- Servicios: 23%
- Profesionales: 23%

Los datos censales documentaron el promedio de ingreso de 12,106 familias que viven en el barrio Sabana Llana. De estas, 4,439 familias reciben $30,000 dólares al año o menos. Esto representa un 37% de la población total de las familias del barrio. Si consideramos y analizamos ese dato, podemos señalar que un 54% de las familias deben vivir con

---

[80] Departamento del Trabajo y Recursos Humanos. Serie Histórica: Fuerza Trabajadora por municipio, 1983-2010. Negociado de Estadísticas del Trabajo.

$10,000 dólares o menos año.[81] El nivel de pobreza se encuentra aproximadamente en un 47%.[82]

Ingreso Familiar Anual en el barrio de Sabana Llana, San Juan, Puerto Rico

Ingreso anual/Núm. de familias	Ingreso anual/Núm. de familias
Menos de $10,000 / 2,063	$45,000 a $49,999 / 425
$10,000 a $14,999 / 594	$50,000 a $59,999 / 446
$15,000 a $19,999 / 568	$60,000 a $74,999 / 388
$20,000 a $24,999 / 585	$75,000 a $99,999 / 253
$25,000 a $29,999 / 629	$100,000 -$124,999 / 77
$30,000 a $34,999 / 467	$125,000 -$149,999 / 0
$35,000 a $39,999 / 344	$150,000 -$199,999 / 16
$40,000 a $44,999 / 385	

Fuente: US Census Bureau.

En el renglón de la distribución por edades y sexo de la población, los grupos de mayor crecimiento son aquellos jóvenes de 19 años o menos. Se distinguió el grupo de 10 a 14 años y el grupo de 15 a 19 años, con un 7.4% cada uno de la población total del barrio. El segundo grupo más numeroso es el de los adultos que se distribuyeron desde las edades de 30 a 54 años en ambos sexos. Las féminas se presentaron en mayor número relación al de los varones, en todos los grupos, excepto en los que se identificó con los jóvenes de 10 a 14. En este particular, los varones se encuentran 1.2% por encima de la población femenina. Véase la tabla a continuación.

[81] US Census Bureau 2009. Family Income Sabana Llana, barrio
[82] http://www.citymelt.com/city/Puerto-Rico/Sabana+Llana+Norte+Barrio-PR.html

Características seleccionadas de edad y sexo en el área de Berwind, 2010

Age	Number			Percent		
	Both sexes	Male	Female	Both sexes	Male	Female
Total population	4,636	2,005	2,631	100.0	100.0	100.0
Under 5 years	438	227	211	9.4	11.3	8.0
5 to 9 years	401	195	206	8.6	9.7	7.8
10 to 14 years	392	214	178	8.5	10.7	6.8
15 to 19 years	363	161	202	7.8	8.0	7.7
20 to 24 years	318	129	189	6.9	6.4	7.2
25 to 29 years	352	157	195	7.6	7.8	7.4
30 to 34 years	305	108	197	6.6	5.4	7.5
35 to 39 years	283	111	172	6.1	5.5	6.5
40 to 44 years	273	125	148	5.9	6.2	5.6
45 to 49 years	260	102	158	5.6	5.1	6.0
50 to 54 years	258	93	165	5.6	4.6	6.3
55 to 59 years	183	73	110	3.9	3.6	4.2
60 to 64 years	179	69	110	3.9	3.4	4.2
65 to 69 years	150	62	88	3.2	3.1	3.3
70 to 74 years	152	63	89	3.3	3.1	3.4
75 to 79 years	135	49	86	2.9	2.4	3.3
80 to 84 years	110	45	65	2.4	2.2	2.5

Fuente: US Census Bureau: Age Groups and Sex: 2010
2010 Census Summary File 1

Perfil demográfico y socioeconómico del Sector Berwind-Country Club

Los datos censales que se utilizaron para realizar la descripción del Sector Berwind-Country Club se obtuvieron del Censo 2010 y de la American Community Survey 2006-2010.[83] La muestra poblacional del área estudiada fue de 4,636 personas. Esta se distribuyó de la siguiente manera: 1,449 personas de 18 años o menos y en el grupo de los 18 a 64 años fue de 2,556 personas.[84] En el renglón de la fuerza trabajadora se estimó unas 2,059 personas (+/-490), de los mismos se encontraban empleados unos 1,786 (+-369) y desempleados sumaban 273 (+-169). Un dato importante es que, en esta ocasión, podemos identificar 1,131 (+-236) personas que no se encuentran en la fuerza trabajadora, teniendo la capacidad para estarlo. Estos representaron un 36% de la población.

---

[83] Se utilizó la tecnología del Census tract, que permite localizar un área específica y obtener la información requerida. Hay que considerar que la información suministrada fue una muestra y los sujetos están sujetos a la misma. Por tal razón, se sugiere observar la estimación del margen de error los datos.
[84] No hay muestreo o margen de error en los datos.

Estatus laboral de la población en el Sector
Berwind-Country Club del año 2010

Subject	Census Tract 52.14, San Juan Municipio, Puerto Rico			
	Estimate	Estimate Margin of Error	Percent	Percent Margin of Error
EMPLOYMENT STATUS				
Population 16 years and over	3,190	+/-490	3,190	(X)
In labor force	2,059	+/-417	64.5%	+/-6.5
Civilian labor force	2,059	+/-417	64.5%	+/-6.5
Employed	1,786	+/-369	56.0%	+/-7.0
Unemployed	273	+/-169	8.6%	+/-4.8
Armed Forces	0	+/-123	0.0%	+/-1.1
Not in labor force	1,131	+/-236	35.5%	+/-6.5
Civilian labor force	2,059	+/-417	2,059	(X)
Percent Unemployed	(X)	(X)	13.3%	+/-7.2
Females 16 years and over	1,562	+/-263	1,562	(X)
In labor force	894	+/-194	57.2%	+/-8.9
Civilian labor force	894	+/-194	57.2%	+/-8.9
Employed	717	+/-162	45.9%	+/-9.3

**Fuente: US Census Bureau, Selected Economic Characteristics 2006-2010,
American Community Survey 5-Year Estimates**

Características ocupacionales de la población del área de
Berwind-Country Club

Subject	Census Tract 52.14, San Juan Municipio, Puerto Rico			
	Estimate	Estimate Margin of Error	Percent	Percent Margin of Error
Natural resources, construction, and maintenance occupations	185	+/-104	10.4%	+/-5.4
Production, transportation, and material moving occupations	273	+/-130	15.3%	+/-6.1
INDUSTRY				
Civilian employed population 16 years and over	1,786	+/-369	1,786	(X)
Agriculture, forestry, fishing and hunting, and mining	11	+/-17	0.6%	+/-1.0
Construction	41	+/-47	2.3%	+/-2.5
Manufacturing	81	+/-57	4.5%	+/-2.9
Wholesale trade	109	+/-88	6.1%	+/-4.6
Retail trade	286	+/-143	16.0%	+/-7.0
Transportation and warehousing, and utilities	170	+/-91	9.5%	+/-4.9
Information	44	+/-42	2.5%	+/-2.3
Finance and insurance, and real estate and rental and leasing	187	+/-98	10.5%	+/-5.1
Professional, scientific, and management, and administrative and waste management services	165	+/-119	9.2%	+/-6.2
Educational services, and health care and social assistance	352	+/-130	19.7%	+/-6.4
Arts, entertainment, and recreation, and accommodation and food services	150	+/-75	8.4%	+/-4.4
Other services, except public administration	95	+/-82	5.3%	+/-4.2
Public administration	95	+/-61	5.3%	+/-3.5

**Fuente: US Census Bureau, Selected Economic Characteristics 2006-2010,
American Community Survey 5-Year Estimates**

Las aéreas ocupacionales que distinguieron gran parte de la población de este sector fueron: servicios educativos con un 19.7% (+/-6.4), venta al detal 16% (+/-7), transporte

de materiales 15.3% (+/-6.1) y mantenimiento y construcción con 10.4 (+/-5.4). Encontramos que hubo muy pocos
empleados en área de la administración pública, y en aquellos relacionados a la agricultura y tareas relacionadas.

Ingresos de la población de escasos recursos en Berwind -Country club

Subject	Census Tract 52.14, San Juan Municipio, Puerto Rico			
	Estimate	Estimate Margin of Error	Percent	Percent Margin of Error
Families	1,101	+/-162	1,101	(X)
Less than $10,000	286	+/-105	26.0%	+/-8.1
$10,000 to $14,999	115	+/-64	10.4%	+/-5.9
$15,000 to $24,999	100	+/-54	9.1%	+/-4.8
$25,000 to $34,999	198	+/-98	18.0%	+/-8.1

Fuente: Negociado del Censo

Se estimó que en el área de Berwind se encontraban aproximadamente 1,101 familias que obtuvieron los ingresos
más bajos, con 10,000 dólares o menos. Lo que representó un
36% de la población aproximadamente. El nivel de pobreza
expuesto por los datos es desalentador. Se observó que un
36% (+/-8) por ciento del total de familias del sector se encontraban bajo el nivel de pobreza.

Ingresos de Familias bajo el nivel de Pobreza en Berwind Country Club

Subject	Census Tract 52.14, San Juan Municipio, Puerto Rico			
	Estimate	Estimate Margin of Error	Percent	Percent Margin of Error
PERCENTAGE OF FAMILIES AND PEOPLE WHOSE INCOME IN THE PAST 12 MONTHS IS BELOW THE POVERTY LEVEL				
All families	(X)	(X)	36.3%	+/-8.0
With related children under 18 years	(X)	(X)	47.3%	+/-11.5
With related children under 5 years only	(X)	(X)	18.3%	+/-28.1
Married couple families	(X)	(X)	9.9%	+/-7.4
With related children under 18 years	(X)	(X)	9.2%	+/-10.7
With related children under 5 years only	(X)	(X)	0.0%	+/-38.5
Families with female householder, no husband present	(X)	(X)	65.4%	+/-12.1
With related children under 18 years	(X)	(X)	74.6%	+/-13.5
With related children under 5 years only	(X)	(X)	100.0%	+/-70.6
All people	(X)	(X)	40.4%	+/-7.1
Under 18 years	(X)	(X)	60.5%	+/-10.8
Related children under 18 years	(X)	(X)	60.5%	+/-10.8
Related children under 5 years	(X)	(X)	57.7%	+/-22.1

Fuente: Negociado del Censo

Entre los casos más dramáticos de familias de bajos recursos, son aquellas familias cuyo jefe del hogar fue una madre soltera. Este renglón representó el 65.4% (+-12.1), el cual se agrava cuando la composición familiar tiene hijos menores de 5 años, en este particular se estimó en un 100% (+-70) de ellas.

El cuadro socioeconómico para muchas familias del sector Berwind no resultó del todo esperanzador. Sectores en edad productiva se encontraban posiblemente dedicados al ocio, y un número significativo de familias vivieron en condiciones precarias de desigualdad económica. La pobreza para estas familias no es con lo único que tienen que lidiar, sino también, con otros factores que deterioran mucho más la calidad de vida del sector. Las problemáticas sociales como el desempleo, el deterioro o descomposición familiar, madres solas y jefes de familia, y la dependencia gubernamental desmerecen en gran medida las ideas de progreso social y económico que predominan en nuestra sociedad capitalista. La carencia de las herramientas necesarias para lidiar con el deterioro social generalmente es vinculada a otras situaciones alternas para solucionar o enajenarse de los problemas económicos inmediatos. Esto es el narcotráfico, el uso y abuso de drogas y la criminalidad.

CAPÍTULO V

LAS DROGAS, LA VIOLENCIA, LA CRIMINALIDAD

Contexto salubrista de la problemática

En Puerto Rico el uso y abuso de drogas ilícitas ha sido un factor de gran preocupación para la sociedad. Esto se debe a que la utilización de estas sustancias está estrechamente ligada con la violencia y la criminalidad. La venta de drogas ilícitas es parte de la economía informal o subterránea del país, por tal razón, las consecuencias promovidas por este tipo de empresas redundan en la carencia de seguridad por luchas armadas, por los puntos y una disminución en nuestra calidad de vida.

Descripción de los drogodependientes

No hay un perfil concreto de aquellos que pueden convertirse en adictos a drogas. Sin embargo, podemos sugerir aquellos cuales conductas o ambientes pueden encontrase en mayor riesgo. Los estudiosos de la conducta han venido identificando por años, algunas razones y ciertas características que tienen las personas susceptibles a utilizar drogas. Algunas razones que podemos mencionar son:

Por presión del grupo	Para complacer a los amigos
Para rebelarse contra los demás	Para no tomar decisiones
Para imitar a alguien	Para parecer más sociable
Para relajarse	Para mantenerse despierto
Para evadir problemas	Por curiosidad

Entre los jóvenes, las circunstancias del ambiente social donde se desenvuelven, los convierten en sujetos susceptibles al uso y abuso de drogas. Es por tal razón, que debemos considerar los siguientes factores de:

1. Ausencia física de los padres u otros miembros de la familia.

2. Falta de apoyo emocional.

3. No establecer normas y límites.

4. No construir auténticas relaciones de afecto y limitarse a dar alimento, objetos y dinero.

5. Sobreproteger a los hijos, ignorar sus capacidades y no permitir su independencia.

6. Exceso de autoridad, que se manifiesta en frecuentes maltratos y castigos.

7. Permanente clima de discusión, tensión e incomunicación.

8. Despreocupación total por satisfacer las necesidades básicas de alimento, vestido, educación, recreación y afecto, creyendo que cuanto más trabajo pasen nuestros hijos, más aprenderán.

9. Poseer antecedentes familiares de consumo de drogas.

10. Predicar conductas que no se practican.

11. Entre la población adulta podría que apliquen los mismos factores. Sin embargo, en esta población pueden predominar en el uso de sustancias controladas, las crisis, perdidas familiares, divorcio y desempleo.

El síndrome de la adicción

La adicción es una enfermedad primaria, porque posee sus propios síntomas y no es derivada de otro trastorno mental. Es una enfermedad compulsiva, porque la persona pierde el control sobre los momentos y las cantidades de sustancia que puede consumir, desde que toma la primera dosis. Esto es debido a las alteraciones que se producen en el sistema neuronal. Es una enfermedad obsesiva, porque el individuo solo tiene una idea fija en su mente: la de cómo sostener y mantener su consumo. Es una enfermedad crónica, porque el individuo jamás podrá llegar a tener la facultad de ingerir alcohol o cualquier droga de una manera controlada. Es una enfermedad progresiva, porque la pérdida de control sobre ella va en aumento paulatinamente. Es una enfermedad delusoria, porque el individuo queda atrapado en un sistema de autoengaño completo, alejado de la realidad y niega absolutamente que la droga sea un verdadero problema. Es una enfermedad fatal, porque si no es intervenida a tiempo, puede llevar a la muerte.

Características del adicto

Según el Hogar CREA, organización dedicada a la prevención y el tratamiento de adictos. Las características más comunes son:[85]

1. Sufre un trastorno de la personalidad la adicción es un síntoma del problema

2. No acepta ser adicto, no reconoce que necesita ayuda, niega sus problemas.

3. Vive en una subcultura particular de ellos y usa un lenguaje típico para comunicarse.

4. Es una persona con inteligencia promedio o más (en su mayoría)

5. Tiene conflicto con la autoridad y la rechaza.

6. Es egocéntrico e individualista, no se preocupa por los demás, es el sol y los demás giran a su alrededor.

7. Distingue entre el bien y el mal, no es un loco, pero cuando actúa lo hace mal (actúa primero y después piensa)

8. Tiene pobres controles internos.

---

[85] Página Web Oficial de El Hogar Crea Inc. http://www.hogarcreapr.org/Introduccion/introduccion.html

9. Es inconsistente, no persevera. Comienza las cosas, pero no las termina y no tolera la rutina.

10. Vive el presente, es un niño. Quiere las cosas cuando las pide y no puede esperar.

11. No planifica en base a la realidad. (Se casa sin trabajo, se compra carro nuevo, aunque no tenga como pagarlo).

12. Es manipulador, siempre quiere salirse con la suya. Los otros son los que están mal y trata de justificar su conducta.

13. Es inmaduro, ansioso e inseguro.

14. Le gusta vestir y calzar bien. Compra zapatos y ropas caras, aunque no trabaje.

15. No aprende de sus experiencias ni de las de otros.

16. Es irresponsable en sumo grado, difícil de manejar. Si quiere un carro, se lo roba. La persona que no es adicta planifica, economiza o pide préstamos y los paga.

17. Tiene un alto nivel de frustración y bajo de tolerancia.

18. Su estima propia es baja.

19. Carece de culpabilidad hacia el mismo, los demás son los que siempre tienen la culpa.

20. Es un vago no le gusta trabajar, le gusta la vida fácil.

21. Manifiesta una constante inestabilidad en el trabajo (cambia mucho).

22. Carece de remordimiento y de sentido de culpa. A veces siente arrepentimiento, pero no le dura mucho.

23. Gusta de hacer promesas que no cumple.

24. Presenta embotamiento afectivo, no siente amor por nadie y se le hace difícil recibir amor.

25. Es mentiroso y se cree sus propias mentiras.

26. Tiene ambiciones desmedidas, no a todo con real situación, quiere ganar mucho dinero, aunque no tenga ningún oficio o destreza.

27. Tiene gran capacidad para seducir y agradar.

28. No se conformó nunca con lo que tiene, entre más se le dé, mas quiere.

29. Muchos tienen identificación pobre con su propio sexo.

30. Tiene conflictos con las mujeres, las ve como objeto que puede usar como quiere.

31. Tiene un concepto pobre de su hombría, para ellos el machismo impera. El más macho es el que más droga usa, el que conquista más mujeres o el que engaña más.

32. Trata de modificar al mundo de acuerdo a sus propios intereses, el tratamiento debe ser como ellos dicen.

33. Es un ser desconfiado por excelencia.

34. A veces se torna irascible, negativo, hostil, manipulador, superior al terapeuta en conocimiento sobre adicción.

35. Es rechazado por la sociedad por su conducta, no por su persona.

36. Puede controlar su vida si se lo propone.

37. Puede modificar su conducta, también sus actitudes si se lo propone (puede re-educarse)

El uso y abuso de drogas en Puerto Rico no es un fenómeno exclusivo del siglo XX y XXI. Sin embargo, la utilización de estas sustancias en gran escala es un fenómeno relativamente reciente.

Las drogas en San Juan

La zona de San Juan se ha caracterizado por ser el lugar de mayor consumo de drogas registrado en la Isla. Para la década de 1970 ya se presentó un indicio en el aumento de estas sustancias, principalmente con el uso de la marihuana. Para finales de la década, se hubo introducido las sustancias altamente adictivas como; la cocaína y la heroína. Según, el Departamento de Servicios Contra la Adicción (DSCA), entre 1978 y 1987 la cantidad, con un problema primario o específico de heroína, cocaína o marihuana en Puerto Rico, aumento de 13,703 a 37,595, un aumento anual de 11.9%. El problema se agravó más cuando los adictos experimentaron con nuevas drogas, y las usan simultáneamente con otras ya conocidas. Este fenómeno de "crear tolerancia" a estas sustancias aumentó considerablemente, ya que utilizaron drogas más potentes para lidiar con el vicio. Los análisis de los resultados de un estudio del DSCA, explican este problema:

> La tasa anual promedio de crecimiento en todo el periodo para estas tres poblaciones combinadas (marihuana, heroína y cocaína) es de un 11.9%. La población total estimada de Puerto Rico para los años 1978 y 1987 fue de 3,045,000 y 3,300,000 respectivamente. Es decir que mientras la tasa de crecimiento anual promedio para la población en general fue de un 9%, la población de usuarios de drogas con problemas primarios de las tres substancias consideradas creció a un ritmo 13 veces mayor en ese periodo.

No se obtuvo información sobre el ritmo o patrón de consumo en la zona de San Juan. Sin embargo, podemos presumir que el ritmo aumentó con el paso de los años. Esto debido a que el aumento a nivel de toda la Isla fue muy notable. El margen de error sugiere que hay muchos más casos no registrados en el periodo que fue estudiado.

Estimados de población con problemas primarios de heroína, cocaína o marihuana en San Juan entre 1978 y 1987

Años	Estimados	Márgenes de error
1978	13,703	3,223
1981	28,388	6,886
1984	33,795	8,309
1987	37,595	9,430

Tomado del Departamento de Servicio Contra la Adicción

Por otro lado, la data que pudo obtenerse hizo referencia a la tasa de usuarios de drogas admitidos a tratamiento durante julio a diciembre de 1987. La misma presentó a las zonas metropolitanas de la Isla, destacando al Municipio de San Juan entre los mayores consumidores que combinan Heroína y Cocaína en la Isla. Véase la siguiente tabla para detalles.

Tasa de usuarios admitidos a tratamiento durante julio a diciembre de 1987

Áreas Metropolitanas	Heroína	Heroína/Cocaína	Cocaína	Marihuana
San Juan	5. 58	56.78	16.83	11.70
Caguas	18.90	44.28	30.78	19.98
Arecibo	9.36	10.70	9.87	23.39
Mayagüez	17.26	24.17	11.74	23.48
Ponce	28.98	90.45	16.05	17.23

Fuente: Junta de Planificación. Tasas calculadas a base a proyecciones de población de la para 1987. Tasas por cada 100,000 habitantes.

Para la década del 2000, se conoció mejor el perfil del adicto y las edades que mayor frecuencia se encontraron ligadas al el uso y abuso de substancias controladas. Se conoció que la gran mayoría son jóvenes y hombres en edad productiva. Sin embargo, las mujeres se encontraron experimentando más frecuentemente con la cocaína y la heroína durante este periodo. Esto se muestra en la tabla a continuación.

**Porcentaje del uso de drogas entre hombres y
mujeres de 15 a 64 años en Puerto Rico (1997-1998)**

	Hombres	Mujeres	Total
Drogas Ilícitas	14.8%	7.4%	10.7%
Marihuana	12.6%	4.7%	8.2%
Cocaína	5.6%	1.3%	3.2%
Heroína	1.1%	0.8%	0.6%

Fuente: Instituto de Estadísticas de Puerto Rico.

**Porcentaje del uso de drogas entre hombres y mujeres
de 15 a 64 años en Puerto Rico (2002)**

	Hombres	Mujeres	Total
Drogas Ilícitas	18.2%	6.3%	12%
Marihuana	16.6%	5.8%	10.9%
Cocaína	8.1%	2.3%	5.1%
Heroína	3.6%	0.8%	2.1%

Fuente: Instituto de Estadísticas de Puerto Rico.

Es notable el incremento tan acentuado a través de los años en el uso de estas substancias. Las agencias del gobierno no han podido coordinar un plan estratégico o interagencial para disminuir paulatinamente este fenómeno social, y lo peor no se vislumbra ninguno por el momento.

El uso y abuso de drogas en el sector Berwind-Country Club

La agencia estatal encargada en la materia de la adicción de drogas ilícitas en el área de Berwind es la Administración de Servicios de Salud Mental y Contra la Adicción (ASSMCA). Esta agencia a diligenciado durante años el programa ambulatorio de Metadona que atiende la población adicta a drogas de cocaína y heroína del sector.[86]

La realidad es que hay en Berwind varias instituciones (Teen Challenge y Hogar Crea) sin fines de lucro permanentes que atienden a la población adicta del sector. Sin em-

---

[86] La metadona es un producto farmacéutico con propiedades analgésicas semejante a la morfina: la metadona se utiliza como producto de sustitución progresiva en el tratamiento de desintoxicación de drogadictos.

bargo, estas ya no cuentan con espacios disponibles y carecen de los recursos económicos necesarios para poder atender diligentemente esta población. Este asunto lo explica el Director Ejecutivo de Hogares Crea, Héctor Figueroa:

> Realmente no damos abasto porque tenemos los centros llenos a capacidad. No hay suficientes fondos disponibles, con el agravante de que el Gobierno es malísimo pagando.[87]

Pese a que Hogar Crea es el programa que más referidos recibe de los tribunales de menores, la administración de la exgobernadora Sila Calderón decidió descontinuar la asistencia que le ofrecía a la institución para su programa de jóvenes transgresores. Aun así, la organización atiende actualmente a unos 500 jóvenes y la gran mayoría de éstos ingresan a su programa mediante el referido de un tribunal.

Drogas y delincuencia

Todos los estudios sobre delincuencia de menores y criminalidad de adultos revelan una estrecha relación con el uso y tráfico ilegal de drogas.[88] En el estudio sobre la *Delincuencia Juvenil en Puerto Rico* realizado en 1989 por Dora Nevares y Marvin Wolfgang encontraron que el 82% de los confinados de las instituciones penales en Puerto Rico había sido usuario de substancias controladas. Mientras, que 42% de la población confinada para mayo de 2000 arrojó resultados positivos de consumo de sustancias controladas. Según el Secretario de Corrección, el 85% de la población confinada en el año 2001 estaba cumpliendo por delitos asociados con el consumo y tráfico de drogas.

---

[87] Francis Rodríguez, "Pocos fondos para programas de ayuda", *Primera Hora*, 10 de septiembre 2007.
[88] Dora Nieves y Marvin Wolfgang, *Delincuencia Juvenil en Puerto Rico: Cohorte de Personas Nacidas en* 1970(San Juan: Senado, 1988), pág. 152.

En 1994, en el *Estudio sobre la violencia* preparado para el Municipio de San Juan, se compararon grupos de menores y jóvenes adultos. Este reveló que 3 de cada 4 menores delincuentes (73.8%) varones entraron en contacto con el uso de las drogas al salir de la supervisión adulta, y compartir con los pares en la calle. En el grupo de jóvenes adultos fue alrededor de la mitad. También, se identificó que la droga de inicio y mayor uso fue la marihuana, en el grupo de los más jóvenes le sigue la cocaína, crack y heroína.[89]

Como en el caso del uso y abuso sustancias controladas, el acceso a las armas ocurre muy temprano en la vida de estos jóvenes. Entre los menores, 9 de cada 10 jóvenes para los 15 años había tenido en sus manos un arma, mientras que en el caso de los jóvenes adultos era menos de la mitad.

Una diferencia notable entre los grupos de jóvenes del estudio es que alrededor del 40% de estos comenzó usando las armas como parte de un negocio de narcotráfico con el propósito de proteger sus vidas. Mientras que el grupo de los adultos jóvenes fue de un 24%.[90]

La violencia como factor de riesgo para el crimen

El termino violencia se define como el uso de la fuerza para conseguir un fin, especialmente para dominar a alguien o imponer algo. Hay diferentes tipos y grados de violencia que se pueden manifestar en diferentes maneras o circunstancias. La catedrática de derecho, Dora Nieves esquematiza los factores o aspectos de riesgo que afectan e influyen grandemente en conductas violentas. Estos se presentan a continuación.[91]

Aspectos que influyen en el aumento de la violencia en distintos ámbitos:

---

[89] MMOR Consulting Group, "Study on Violence", al Hon. Hector Luis Acevedo, Alcalde de San Juan, *Juvenile offenders* (1994), págs. 36-37.

[90] *Ibid.*, pág. 37

[91] Dora Nieves, *El Crimen en Puerto Rico*, (San Juan: Instituto para el Desarrollo del Derecho, 2008), 3ª edición, pág. 2.

1. Comunidad: criminalidad alta, movilidad residencial, pobreza, desempleo, tráfico de drogas y armas, servicios deficientes.

2. Familia: Crianza deficiente, violencia familiar, amigos violentos.

3. Individuales: Maltrato como menor, desorden de personalidad, abuso del alcohol y/o drogas, historia de conducta violenta.

4. Sociedad, pobreza: Rápido cambio social, planificación urbana deficiente, aplicación de la ley deficiente, normas que respaldan la violencia, disponibilidad de armas, política que propicia desigualdad.

Estos aspectos ayudan a configurar un ambiente de negativo y desesperanzador que puede conducir a conductas más riesgosas o peligrosas, que ponen en entredicho la seguridad individual y colectiva de la ciudadanía en general. El crimen es solo una de las caras de la violencia. La violencia puede configurarse de formas distintas: auto infligido, interpersonal o colectivo. A su vez, puede ser de naturaleza física, sexual, sicológica, negligente o de privación o marginación.

Ideograma de Tipos de violencia

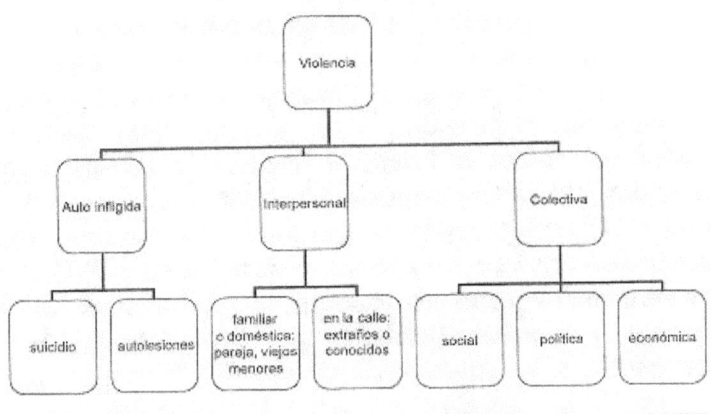

Fuente: Organización Mundial de la Salud, 2003

Cuando la manifestación especifica de conducta violenta se define como delito, entonces es sinónimo de crimen.

El crimen

El termino crimen se define como aquella acción voluntaria de matar o herir de gravedad a una persona. Por otro lado, delito se encuentra como culpa, crimen o quebrantamiento de la ley.[92]

En Puerto Rico se acostumbra utilizar el término crimen como sinónimo genérico de delito, es decir, aquel acto u omisión que desde la referencia jurídica implica una violación a la ley del código penal. Se entiende por criminalidad al conjunto de conductas delictivas cometidas en un tiempo y espacio determinados. No obstante, desde el punto de vista de las ciencias de la conducta criminal, partir exclusivamente de la definición legal de crimen (delito) plantea ciertas dificultades. Una de ellas es que tanto el concepto de crimen como el de criminalidad excluyen otros actos que conllevan violaciones a los derechos humanos y que muchas veces no son tipificados por ley como delitos.

Para conocer acerca de la incidencia criminal en Puerto Rico, se parte del análisis de datos estadísticos sobre aquellos actos que se catalogan como delitos tipo I. Estos datos son recopilados por la Policía de Puerto Rico basado en el sistema de clasificación de las categorías delictivas de los informes de crímenes del Negociado Federal de Investigación (FBI, por sus siglas en inglés). En este sistema se clasifican los delitos en dos grupos principales. Delitos Tipo I son ciertos delitos informados y Delitos Tipo II son arrestos en cuanto a la distinción o categoría del resto de los delitos. Los Tipo I incluyen: asesinato y homicidio, robo, violación, agresión agravada, escalamiento, apropiación ilegal y hurto de auto. Los delitos Tipo I no informan sobre toda la actividad

---

[92] Diccionario Anaya de la Lengua

criminal. Esto es porque solamente se limitan a proveer información de las siete distinciones o categorías mencionadas.

El código penal de Puerto Rico del año 2004 es el instrumento jurídico legal vigente donde se clasifican y definen todas las variaciones de delitos. La Policía de Puerto Rico en su función de protección vidas y propiedad trabaja con los siguientes delitos.[93]

Delitos contra la vida

- Artículo 105, Asesinato- Es dar muerte a un ser humano con intención de causársela.

- Artículo 109, Homicidio- Toda persona que ocasione la muerte a otra por negligencia.

Delitos contra la integridad corporal

- Artículo 122, Agresión Agravada- Toda persona que ilegalmente, por cualquier medio o forma cause a otra una lesión a su integridad corporal. Debe ocasionar una lesión que no deje daño permanente, pero requiere atención medica ayuda profesional especializada o tratamiento ambulatorio.

Delitos de violencia sexual

- Artículo 142, Agresión sexual (violación sexual)- Toda persona que lleve a cabo una penetración sexual, sea vaginal, anal, orogenital, digital o instrumental.

---

[93] Código Penal de Puerto Rico

Delitos contra los bienes y derechos patrimoniales

- Artículo 192, Apropiación ilegal- Toda persona que ilegalmente se apropie sin violencia ni intimidación de bienes muebles pertenecientes a otra persona.

- Artículo 198, Robo- Toda persona que se apropie ilegalmente de bienes muebles pertenecientes a otra, sustrayéndolas de la persona en su inmediata presencia y contra su voluntad, por medio de violencia o intimidación.

- Artículo 201, Recibo, disposición y transportación de bienes objeto de delito. (Hurto de auto). Toda persona que compre, reciba, retenga, transporte o disponga de algún bien mueble, a sabiendas de que fue obtenido mediante apropiación ilegal, robo, extorsión, o de cualquier otra forma ilícita.

- Artículo 203, Escalamiento- Toda persona que penetre una casa, edificio u otra construcción o estructura, o sus dependencias o anexos, con el propósito de cometer cualquier delito de apropiación ilegal.

Durante el año de 1979, el periódico El Mundo hizo referencia en una publicación de 21 artículos al cual título "La verdad sobre el crimen y la justicia en Puerto Rico".[94] Esta serie de datos estadísticos sobre la criminalidad en la Isla se resume a continuación:

1. Puerto Rico ocupa el quinto lugar en los Estados de la Unión en número de asesinatos y homicidios por cada 100,000 habitantes.

2. El 85% de los crímenes investigados por el negociado de Investigaciones Criminales de la Policía queda sin resolver.

---

[94] Editorial, *El Mundo*, 21 de enero de 1979.

3. A la Policía le toma un promedio de 52 minutos llegar a la escena de un crimen: la norma aceptable es de no más de 20 minutos.

4. Menos de la mitad-45% de las personas enjuiciadas por los delitos más serios Tipo I, resultan culpables en un tribunal de justicia.

5. Mientras el número de delitos Tipo I ha ido aumentando durante los pasados 10 años, el número de arrestos realizados por la Policía ha permanecido casi igual: más criminales se están saliendo con las suyas.

6. La fiscalía solo logra un 51% de convicciones y archiva la cuarta parte de los casos sometidos a ella. En 1974, se archivó un 37% de los casos de drogas y se logró condenas por el 47%.

Estos datos estadísticos mostraron la realidad puertorriqueña que se dejó sentir en su época. Momento no muy diferente al presente que vivimos. A base de estas circunstancias de nuestro devenir social es que El Dr. Fernando Picó arguye que:

> ...las presentes generaciones han crecido, unas temerosas, otras insensibles ante la violencia y la criminalidad que ha pasado a formar parte de la cotidianidad. En ciertos niveles socioeconómicos de la población, el inminente ingreso en la cárcel es una realidad.[95]

---

[95] Fernando Picó, *El día menos pensado: Historia de los presidiarios en Puerto Rico (1793-1993)* (Rio Piedras: Ediciones Huracán, 1994), pág. 22.

Las áreas policiacas de Puerto Rico

Para efectos policiacos Puerto Rico se encuentra dividido en nueve (9) áreas. Estas áreas son las que se distinguen: Área San Juan, Área de Arecibo, Área de Ponce, Área de Humacao, Área de Mayagüez, Área de Caguas, Área de Bayamón, Área de Carolina y Área de Guayama.

Mapa de los precintos de San Juan

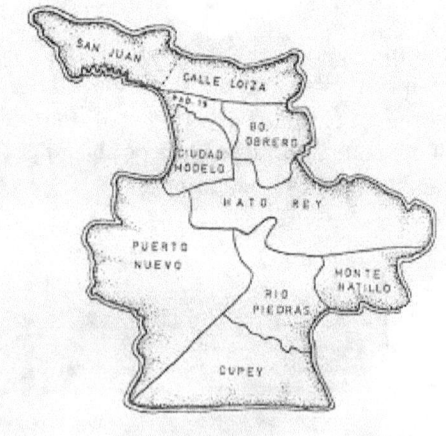

El área policiaca de San Juan está configurada en 11 precintos o jurisdicciones policiacas[96] Cada jurisdicción policial se encuentra enumerada con códigos numéricos del norte, al centro y al sur del municipio. Encontramos los códigos:

[96] Véase apéndice para otras áreas que componen la región de San Juan

división norte: 166,366,266 y 466
división central: 282,382,182
división sur: 462, 162, 262 y 362

Durante los años de 1975 al 1980, la Policía de Puerto Rico contabilizó los delitos Tipo I de las áreas que comprende el Municipio de San Juan. En la misma se distinguió mayormente el área de Puerto Nuevo, Hato Rey y Río Piedras con la mayor cantidad de delitos Tipo I durante ese periodo de cinco años. El área de Monte Hatillo en este periodo de tiempo es el precinto con menos cantidad de delitos Tipo I. Hay que hacer la salvedad que el Residencial Público fue inaugurado durante el año de 1970. Sin embargo, presentó unos números delitos bastante altos para el incipiente desarrollo socioeconómico de ese tiempo.

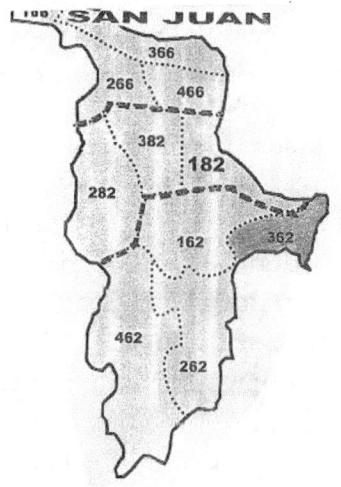

Descripción General del Precinto de Monte Hatillo

El área que envuelve nuestro estudio tiene lugar en la división sur del Precinto 362 de Monte Hatillo. Esta jurisdicción comprende los Sectores 168, 169, 170, 171,172 y 173. A continuación, las demarcaciones territoriales en que se desenvuelve la policía en el Precinto.

La jurisdicción territorial del Sector 168 incluye: Norte (Avenida 65 de infantería), Sur (límite de San Juan a Trujillo Alto), Este (Calle núm. 7 y Quebrada Sabana Llana) y Oeste (carretera número 181). Los lugares que comprende son: Urbanización Villa Capri, Urbanización Town Park, Residencial Las Dalias, Condominio Trujillo Alto, Apartamentos Parque Real, Centro Comercial Concordia Gardens, Barriada Los Capuchinos y Barrio Los Peña.

La jurisdicción territorial del Sector 169 incluye: Norte (Avenida. 65 de Infantería), Sur (Calle 2 Berwind Estates), Este (Avenida Monte Carlo) y Oeste (Avenida Olmo y Quebrada Sabana Llana). Los lugares que comprende son: Urbanización Higland Park, Complejo Las Antillas, Residencial Monte Park y Condominio Higland Park

La jurisdicción territorial del Sector 170 incluye: Norte (Avenida 65 de Infantería), Sur (límite San Juan y Trujillo Alto - Calle 3), Este (Calle José Abad, Calle 8 y 10, Urbanización Monte Carlo) y Oeste (Avenida Monte Carlo que incluye Urbanización Berwind Estates). Los lugares que comprende son: Urbanización Monte Carlo, Urbanización Colinas de Monte Carlo, Urbanización Berwind, Urbanización Club Manor, Urbanización Parque la Vista, Residencial Monte Hatillo y Residencial San Martin.

La jurisdicción territorial del Sector 171 incluye: Norte (Avenida 65 de Infantería), Sur (Detrás Calle 3 y Calle A, Saint Just - límite San Juan y Trujillo Alto), Este (límite Municipal San Juan y Carolina) y Oeste (Calle José Abad, Calle Principal, Calle 8 y final Calle 10). Los lugares que comprende son: Urbanización San Martín, Urbanización Extensión San Martí, Urbanización Las Vistas y Urbanización Colinas Verdes.

La jurisdicción territorial del Sector 172 incluye: Norte (Laguna San José y Quebrada San Antón), Sur (Avenida 65 de Infantería), Este (Avenida Campo Rico) y Oeste (Calle Simón Madera). Los lugares que comprende son: Urbanización Country Club (primera y segunda extensión), Urbanización Las Virtudes, Urbanización Campo Llano, Residencial El Flamboyán, Residencial Jardines de Campo Rico, Residencial Jardines de Country Club, Condominio Las Camelias, Condominio Las Teresas, Condominio Torres de Cervantes A y B, Laguna View Town, Condominio Los Almendros, Casitas Berwind y Barrio El Polvorín.

La jurisdicción territorial del Sector 173 incluye: Norte (Quebrada San Antón), Sur (Avenida 65 de Infantería), Este (Quebrada San Antón) y Oeste (Avenida Campo Rico). Los lugares que comprende son: Urbanización Country Club, Urbanización Extensión El Comandante y Centro Comercial Iturregui Plaza

El sector 172 del Precinto de Monte Hatillo se distingue por ser un predio de terreno en forma de rectángulo. El mismo se extiende en dirección sur a norte, desde la Avenida 65 de Infantería donde se encuentran las Torres Berwind, hasta colindar con la carretera Ramal número 8 y la Laguna San José. Esta área residencial muy poblada, que se encuentra está flanqueada a su derecha por la urbanización Country Club y a su izquierda por el área de las Parcelas Falú y Parcelas Hill Brothers.

La fuerza policiaca del Precinto de Monte Hatillo debe desempeñar sus funciones de orden y seguridad en una población de 30,118, que corresponde al Barrio Sabana Llana Norte. Una cuarta parte de la población total o sea 7,530 personas habitan en el sector de Berwind.[97]

El Precinto de Monte Hatillo se constituyó dentro del complejo de viviendas que lleva el nombre de Residencial Jardines de Monte Hatillo. La gran mayoría de los Condominios y residenciales del sector fueron inaugurados de 1970 a 1973.[98] Por tal razón, los datos estadísticos de la policía no reflejan una incidencia criminal significativa para esta

---

[97] Censo 2010
[98] US Census Bureau. Selected Housing Characteristics. 2006-2010 American Community Survey 5 Year Estimates.

época. Sin embargo, para la segunda mitad de la década (1975-1980) se presentó un alza de 20% de delitos Tipo I en el precinto.[99] No se encontraron datos que se atribuyeron a que tipos de delitos se perpetraron en el lugar.

Delitos Tipo I Cometidos en el Área de San Juan

P R E C I N T O	1975	1976	1977	1978	1979	1980
AREA SAN JUAN, TOTAL	27,580	26,346	25,530	25,120	23,958	28,684
San Juan	1,728	1,849	1,829	1,781	1,728	1,642
Parada 19	2,909	2,924	2,633	3,016	2,902	2,976
Calle Loíza	2,457	2,344	2,633	2,489	2,578	2,480
Barrio Obrero	2,802	2,788	2,673	2,755	2,645	3,295
Río Piedras	3,840	3,323	2,995	2,554	2,273	3,460
Hato Rey	4,753	4,183	4,426	4,162	4,476	5,613
Puerto Nuevo	4,806	4,273	4,083	4,047	3,486	4,150
Ciudad Modelo	1,708	1,919	1,691	1,595	1,702	1,963
Cupey	1,774	2,002	1,831	2,008	1,683	2,373
Monte Hatillo	803	741	736	713	485	732

Fuente: División de Estadísticas Policía de Puerto Rico

Para la década de 1980, la incidencia de delitos Tipo I en San Juan ascendió significativamente. En el primer año de esa década hubo un total de 28,684 delitos en el área de San Juan. Para el año anterior se habían registrado 23,958 delitos; al comparar estas dos cifras encontramos un alza para el año 1980 de 4,726 (+19.7%).

La gran mayoría de estos delitos (22,646) fueron contra la propiedad. Se destacó entre todas las áreas policiacas el área de Hato Rey con 4,237 y el sector de menor impacto delictivo fue el Precinto de Monte Hatillo con 561 delitos contra la propiedad.[100] A través de la década del 1980 veremos un alza

---

[99] División de Estadísticas de la Policía, Tabla Delitos Tipo I área de San Juan 1975-1980
[100] Ver División de Estadísticas: Tabla delitos tipo 1 cometidos en San Juan en 1980

constante promedio de un 4% al año desde 1980 hasta comienzos de los años noventa.

DELITOS TIPO I COMETIDOS EN EL AREA SAN JUAN
AÑO 1980

	TOTAL DELITOS	TOTAL DELITOS VIOLENCIA	ABESINATO Y HOMICIDIO	VIOLACION	ROBO	AGRESION AGRAVADA	TOTAL DELITOS PROPIEDAD	ESCALAMIENTO	APROPIACION ILEGAL	HURTO DE AUTO
TOTAL	28684	6038	175	150	4373	1340	22646	9505	8058	5083
HATO REY	5613	1376	29	12	1044	291	4237	1656	1487	1094
RIO PIEDRAS	3460	902	19	24	737	122	2558	1031	900	627
CUPEY	2373	308	9	14	201	84	2065	1398	456	211
PUERTO NUEVO	4150	714	14	29	537	134	3436	1510	1091	835
CIUDAD MODELO	1963	332	15	11	217	89	1631	449	734	448
MONTE HATILLO	732	171	10	5	116	40	561	322	164	75
SAN JUAN	1642	263	14	11	163	75	1379	396	663	320
PARADA 19	2976	472	10	8	371	83	2504	706	997	801
CALLE LOIZA	2480	515	16	14	385	100	1965	714	864	387
BO. OBRERO	3295	985	39	22	602	322	2310	1323	702	285

Fuente: División de Estadísticas de la Policía de Puerto Rico

Durante la década de 1990 los delitos Tipo I siguieron su ritmo ascendente. Esta vez hubo un alza significativa en los asesinatos, robo y hurto de autos. Para 1990, todas las áreas policiacas de San Juan sufrieron el embate del aumento de la incidencia criminal del delito de robo. La más perjudicada de estas áreas fue el Precinto de la Calle Loíza con un alza de 500 delitos, y el Precinto de Monte Hatillo con 249, comparado con el año anterior. El alza más impactante en el delito de hurto de auto, la obtuvo el Precinto de la Parada 19 en Santurce, con 400 delitos. En el renglón de los asesinatos sobresalió el área de Hato Rey con 18 muertes violentas.

En 1993, el gobernador Pedro Rosselló González, tomó posesión del gobierno de Puerto Rico. El mandatario puso en operaciones el programa "Mano dura contra el crimen". El mismo consistió en la legislación de penas altas de reclusión por la comisión de delitos, la reducción de medidas rehabilitadoras, prohibición del consumo y tráfico de drogas, y el énfasis en la función de control represivo de la policía.[101] También, fue el primer plan anticrimen en cual se puso en vigor la exposición mediática de los operativos policiacos y la injerencia de la Guardia Nacional en los residenciales públicos.

Incidencia Criminal Informada en el Sector 172 del Precinto 362 de Monte Hatillo de la Zona de San Juan. Periodo del 1991-1999

Año	Total de delitos	Asesinatos, Homicidios	Violencia por la fuerza	Robo	Agresión Agravada	Escalamiento	Apropiación Ilegal	Hurto de Auto
Totales	4,190	82	11	932	336	1,128	1,243	555
1999	312	7	0	46	17	89	84	69
1998	373	11	1	77	26	84	119	55
1997	381	4	0	78	28	102	122	47
1996	404	17	2	68	26	109	134	48
1995	480	8	4	117	37	117	142	55
1994	161	2	0	33	8	40	52	26
1993	644	5	4	122	31	209	197	76
1992	788	14	0	207	38	223	218	88
1991	647	14	0	184	28	155	175	91

Fuente: División de Estadísticas Policía de Puerto Rico

El área del sector Berwind tuvo un alza dramática en robos y asesinatos. En los años 1991 al 1992 se registró un total de delitos Tipo I de 641 y 788 respectivamente.[102] Como muchos otros Residenciales Públicos de San Juan, el residencial público de Valles de Berwind (mejor conocidas como, las Torres de Berwind) fue ocupado por la policía varios meses.[103] La incidencia criminal disminuyó considerablemente. En 1996, el sector Berwind tuvo un total de 404 delitos Tipo I, de esos, 17 fueron muertes violentas. Para el 1998, los delitos Tipo I fueron 373, donde solamente se registró un solo ase-

---

[101] El Crimen en Puerto Rico. pag.183.

[102] Division de Estadisticas: Incidencia criminal informada

[103] Para el 31 de marzo de 1996, la Policía y la Guardia Nacional tenían ocupados 74 Residenciales públicos.

sinato. La Ley Núm. 53 del 10 de junio de 1996, que estableció la ley de la Policía, hizo referencia del descenso de la actividad delictiva; señalando en su exposición de motivos que:

> El Gobierno de Puerto Rico, a través del Programa Mano Dura contra el Crimen, implantado principalmente por la Policía de Puerto Rico, ha alcanzado durante los últimos tres (3) años logros significativos en la lucha contra la incidencia criminal. El Pueblo, de Puerto Rico, en agradecimiento al genuino esfuerzo demostrado por el Cuerpo de la Policía, ha premiado a éstos con el apoyo y el respeto que merecen. Los logros adquiridos en tan poco tiempo por la Policía de Puerto Rico, mediante reformas administrativas y operacionales, son ejemplo digno del esfuerzo de estos servidores públicos, que día a día hacen su aportación para mejorar la calidad de vida.

Los logros obtenidos de parte de la policía se obtuvieron temporeramente. Esto debido a que luego que los efectivos policiacos y de la guardia nacional abandonaron el complejo de vivienda, comenzó nuevamente la actividad delictiva su ascenso progresivo.[104] Lo que representó a la política de "Mano dura contra el Crimen" fue una gran exposición mediática de fuerza y poder del estado contra las organizaciones criminales y las familias de escasos recursos. La injerencia de la fuerza policiaca y la Guardia Nacional fueron fuerzas represivas del estado utilizadas para la solución inmediata de la criminalidad en el sector. Sin embargo, se demostró que los problemas del sector fueron más profundos y no dependen necesariamente de la imposición del enfoque legalista gubernamental para la solución de los mismos.

---

[104] Véase Estadísticas de la Policía: 1996-2000

La implosión de los residenciales

El sistema de demolición por implosión es el medio que utiliza explosivos de forma controlada y precisa en el derribamiento de estructuras de hormigón. De forma oficial, la utilización de la implosión fue una alternativa que optó el gobierno para economizarse los altos costos de remodelación en las mejoraras que se realizaban en los residenciales públicos. Sin embargo, el gobierno aprovechó para aminorar la incidencia de violencia de los sectores de mayor incidencia criminal de San Juan.[105] La destrucción de aquellos residenciales públicos o condominios multipisos supuso un mejor manejo del sector para las autoridades policiacas. Durante el 1998, el Gobierno de Puerto Rico comenzó su plan con Las Acacias, Los Crisantemos, La Villa Panamericana, y Las Torres de Berwind. Muchos de los residentes de estos complejos de vivienda supusieron que una vez demolidas las estructuras construirían nuevas viviendas para restablecer a las familias afectadas. Aunque el gobierno dio su palabra, hasta la fecha, en Berwind no se ha cumplido con lo prometido.[106]

La prensa describió el panorama que dejó la implosión y el sentir de los residentes sobre el particular.

> Un solar baldío es lo que quedó donde, en un momento dado, hubo dos edificios de 15 pisos que componían el residencial Berwind, que fueron implosionados en 1998. Al lado, quedan dos condominios privados que son físicamente iguales a los que fueron destruidos, que eran de vivienda pública. Una de las residentes de los edificios que todavía permanecen en el lugar, Apolonia Duarte, no recuerda exactamente por qué los implosionaron. "Me imagino que por los revoluces. Estaba caliente, pero aquí en Puerto Rico no hay nada frío", dijo Duarte, que vive allí desde hace 25 años. Recordó que los desalojaron, pero

---

[105] Ángel Vázquez, "Implosión en los Berwind" *El Nuevo Día*, 3 de febrero de 1998.
[106] *Ibid*.

no sabe a dónde fueron a parar las familias que vivían allí. No obstante, no está de acuerdo con las implosiones porque "son las personas las que somos malas, no los edificios". "No ameritaba. Hay muchas personas sin hogar y entonces hay más deambulantes. Ésa no es la solución", opinó Duarte. "Sí amerita si el edificio tiene fallas, pero si se puede habitar, no está bien porque hay mucha gente sin casa", agregó. Su vecina Anastasia Beltrán lleva 20 años allí y recuerda que, tras la implosión, dijeron que harían un complejo de vivienda tipo townhouse, "pero no ha pasado nada". Destacó que, en un momento dado, hubo rumores de que implosionarían los condominios donde vive, y que algunos vecinos dijeron estar de acuerdo. "Yo, si me dan mis buenos chavos, sí (me voy), pero esto es privado", recalcó Beltrán. En cuanto a las torres que destruyeron, indicó que había mucho problema de criminalidad en el lugar, con muchos puntos de droga y guerras de bandos. No obstante, cuando se le preguntó si ha mejorado la calidad de vida luego de la implosión, contestó: "Más o menos, pero esto no hay quien lo pare".

Las expresiones de los residentes reflejaron un clima de impotencia e incertidumbre acerca de su futuro en el lugar residencial. Las medidas tomadas por el gobierno no ayudaron a combatir la situación imperante de la criminalidad, y mucho menos las necesidades de los residentes en cuanto a la buena convivencia familiar y comunal.

Durante los años 2000 al 2011 los delitos Tipo I continuaron con un marcado ritmo de aumento. La política punitiva tradicional del gobierno fue ineficiente para atender la criminalidad de manera contundente. El sector 172 del Precinto de Monte Hatillo, concluyó la primera década del siglo XXI, con una situación alarmante en los delitos de robo, escalamientos, apropiación ilegal y asesinatos. Este sector se ha convertido durante este periodo en el área de más incidencia criminal del Precinto de Monte Hatillo[107]. La alta incidencia en delitos, principalmente de robo, apropiación ilegal y escalamiento en el sector 172 pudo ser unos de los factores

---

[107] Ver tabla de la incidencia criminal por sectores.

para inducir a algunos comerciantes a desistir o abandonar su práctica comercial en el área. El cierre de negocios comerciales es uno de los problemas que tienen los lugares urbanos que nos pudieran llevar a visualizar la situación socioeconómica imperante en el sector.

Incidencia Criminal Informada en el Sector 172 del Precinto 362 de Monte Hatillo de la Zona de San Juan. Periodo del 2000 al 2011

Año	Total de delitos	Ase-sina-tos, Ho-mici-dios	Vio-lencia por la fuerza	Robo	Agre-sión Agra-vada	Escala-miento	Apro-pia-ción Ilegal	Hurto de Auto
Tota-les	3,498	106	8	486	221	939	1,308	363
2011	251	6	0	52	8	64	100	21
2010	248	7	0	47	18	67	95	14
2009	250	7	0	33	15	52	119	24
2008	321	6	0	45	20	88	117	45
2007	237	12	1	16	19	45	125	19
2006	300	15	0	21	16	78	149	21
2005	347	5	1	49	13	95	153	31
2004	371	12	0	41	32	114	148	24
2003	315	16	2	49	25	107	90	26
*2002	387	8	1	54	27	92	156	49
*2001	208	5	2	45	15	50	46	45
*2000	263	7	1	34	13	59	91	58

*El número del Sector del área de Berwind, anteriormente fue 655.
Recopilado de la División de Estadísticas de la Policía de Puerto Rico

Las medidas tomadas por el gobierno no fueron las más eficientes ni adecuadas para manejar los problemas de narcotráfico, drogadicción y criminalidad en el sector. El estado tomó la decisión de la implantación de una política punitiva por ocupación militar y la destrucción de los complejos de vivienda. Esto presentó una manera represiva donde se quiso combatir la violencia criminal con violencia institucional gubernamental. Vemos que la desigualdad social y económica continuará siendo un factor que se criminalice, se juzgue y castigue hasta que no se implementen medidas reales y eficientes que trabajen con la problemática desde una perspectiva social.

Incidencia Criminal por cantidad de delitos en el Precinto de Monte Hatillo (2000-2011)

Año	Sector 168 Total	Sector 169 total	Sector 170 Total	Sector 171 Total	Sector 172 total	Sector 173 Total
Totales	1,266	782	974	933	3,498	1,626
2011	105	50	66	64	251	149
2010	81	54	65	62	248	153
2009	135	37	88	89	250	180
2008	151	40	88	65	321	131
2007	77	62	65	66	237	119
2006	124	67	98	97	300	170
2005	101	83	85	92	347	149
2004	134	81	81	100	371	155
2003	107	100	97	89	315	154
2002	114	108	107	101	387	117
2001	54	43	57	52	208	44
2000	83	57	77	56	263	105

Incidencia de asesinatos y apropiación ilegal en el Precinto de Monte Hatillo. Periodo 2000-2011

Año	Sector 168		Sector 169		Sector 170		Sector 171		Sector 172		Sector 173	
Totales	A=43 AI=555		A=26 AI=304		A=34 AI=350		A=17 AI=440		A=169 AI=1,389		A=16 AI=875	
2011	5	59	2	21	2	28	5	31	6	100	0	84
2010	5	39	5	19	5	20	2	27	7	95	3	87
2009	11	54	0	15	6	24	3	39	7	119	3	112
2008	7	68	3	18	2	25	1	27	6	117	2	88
2007	3	34	2	21	2	34	2	30	12	125	2	72
2006	1	57	0	23	4	45	1	47	15	149	3	93
2005	1	58	2	45	3	31	0	65	5	153	0	86
2004	3	48	4	35	5	27	1	50	12	148	1	83
2003	2	45	4	33	4	21	0	42	16	90	1	82
2002	1	56	0	43	0	46	1	47	8	156	0	53
2001	4	11	2	14	1	23	0	13	5	46	0	14
2000	0	26	2	17	0	26	1	22	7	91	1	21

A=asesinatos AI= apropiación ilegal

Recopilado de la División de Estadísticas de la Policía de Puerto Rico

CAPÍTULO VI

EL GOBIERNO Y EL LIDERATO DE LAS ASOCIACIONES COMUNITARIAS

Las asociaciones comunitarias de una forma u otra se han dejado sentir a través de sus reclamos de mayor justicia económica y social con el paso del tiempo. Sin embargo, no habido un mayor despunte de las mismas sino durante la primera década del siglo XXI.

No hay un momento preciso en la historia puertorriqueña en que podamos atribuirle el origen de esta formación de fuerza sociopolítica. Ha sido una distinción general de nuestro pueblo su sentido de hospitalidad y generosidad que viene de la época agraria o preindustrial. No obstante, hay que destacar que el impulso para resaltar los valores solidarios y el trabajo de autogestión intrínseco a las comunidades fue propulsado por el gobierno de Luis Muñoz Marín y el Partido Popular en la década de 1940. El gobierno utilizó diferentes medios para la realización de reformas sociales como la masificación de la educación y la División de Educación a la Comunidad (DIVEDCO).[108]

En nuestros días el liderato comunitario es un ente presente en el panorama social puertorriqueño. Esto ha sido cada vez más, durante y después de la implantación de la ley de Comunidades Especiales.

Ley de Comunidades Especiales

Durante el cuatrienio de 2000 al 2004, el Partido Popular tomó la administrción del país. La gobernadora Sila M. Calderón retomando los postulados que caracterizaron los orígenes del Partido Popular de Muñoz Marín, propuso un proyecto que le ofreciera una mejor calidad de vida y un

---

[108] Catherine Marsh Kennerley. *Negociaciones Culturales: Los intelectuales y el proyecto pedagógico muñocista*, Ediciones Callejón, 2009, pág. 33.

impulso económico social a los sectores deventajados del país. El 1 de marzo de 2001 se aprobó La Ley 1: Ley para el Desarrollo Integral de las Comunidades Especiales.[109]

La ley estableció en el Artículo 2; la Política Pública del Estado Libre Asociado de Puerto Rico para Promover el Desarrollo Integral de las Comunidades Especiales de Puerto Rico. Se expresó lo siguente:

> Será política pública del Estado Libre Asociado de Puerto Rico promover el principio de la autogestión y apoderamiento comunitario, esto es, el proceso integral mediante el cual las personas y sus comunidades reconocen y ejercen el pleno dominio y control de sus vidas partiendo desde su propio esfuerzo y poder. Debido a los niveles de pobreza, condiciones ambientales inaceptables y otros males sociales que aún subsisten en Puerto Rico, es prioridad del Estado Libre Asociado de Puerto Rico identificar comunidades que, por sus condiciones, requieren tratamiento especial de modo que pueda gestionarse proactivamente su desarrollo.
>
> Esta iniciativa estará dirigida a promover que los residentes de las comunidades especiales adquieran, por sí mismos, las condiciones de vida, las destrezas, actitudes y niveles de organización que les permitan convertirse en autores de su propio proceso de desarrollo económico y social. El Gobierno actuará como capacitador, promotor, facilitador y colaborador, eliminando barreras, estableciendo incentivos y creando condiciones y mecanismos necesarios para que dichas comunidades puedan asumir exitosamente su desarrollo personal y comunitario.[110]

Este proyecto innovador fue la punta de lanza de la gobernadora Calderón durante su incumbencia. La Ley de Comunidades Especiales tuvo como propósito primordial que las "comunidades especiales" o de bajos recursos económicos adquirieran "las condiciones de vida, las

---

[109] Fue aprobada en marzo de 2001.
[110] http://www.lexjuris.com/lexlex/Leyes2001/lex2001001.htm

destrezas, las actitudes y los niveles de organización que les permitiera convertirse en autores de su propio proceso de desarrollo económico y social".[111] La función del Estado sería fundamental para que las comunidades se le facilitara el acceso a los recursos necesarios y al apoderamiento y autogestión de sus comunidades.[112] Lo que se intentó con este proyecto fue traducirle a los residentes de bajos recursos que la solución a los problemas a corto y largo plazo se encontraba en la misma comunidad. Además, que el Estado le permitiera el accseso para lograr sus objetivos en un ambiente de mutua coperación.

Para la realización del proyecto,se debió reforzar la iniciativa de apoderamiento y autogestión para que fuera a tenor con el cambio fisico o estructural que las comunidades por años necesitaron. Por esta razón, se hizo una inversión sustancial para mejorar la infraestructura de las comunidades especiales, en la construcción y rehabilitación de viviendas, acueductos y alcantarillados, pavimentación de calles y aceras, facilidades recreativas y energía eléctrica, así como fomentar gestiones e iniciativas de autosuficiencia económica entre los residentes de dichas comunidades. Este programa se desarrolló para implantarse por fases.

Para tales fines, se requirió también, un mecanismo legal que respaldó su encomienda socioeconómica, y que de una forma u otra hubiese los fondos suficientes, para un manejo

---

[111] Bernardo Kliksberg y Marcia Rivera. *El Capital Social Movilizado Contra la Pobreza Clacso*, 2007, pág. 33

[112] Los conceptos apoderamientos y autogestión son fundamentales en la ley y en el fin ulterior de su implantación. La autogestión comunitaria es el proceso de iniciativa y movilización para resolver problemas que por acuerdo interno son prioridad para la comunidad. Es un proceso donde se desarrolla la capacidad del individuo y luego se trabaja con el grupo, para identificar los intereses o las necesidades básicas. El apoderamiento es mantener el control de las situaciones en su ambiente y tener los instrumentos cognitivos para manejarlo.

exclusivo y adecuado para una revitalización comunal integral.[113]

El mecanismo legal impulsador del capital económico para los sectores empobrecidos fue la ley que creó el Fideicomiso Perpetuo para las Comunidades Especiales (Ley Núm. 271 de 21 de noviembre de 2002). La explicación está contenida en el artículo 2, a continuación:

> Se crea un Fondo Público en Fideicomiso, irrevocable y permanente, que se conocerá como "Fideicomiso Perpetuo para las Comunidades Especiales" y constituye un cuerpo corporativo público con personalidad jurídica independiente, sin fines de lucro, irrevocable y a perpetuidad. El Fideicomiso estará adscrito al Banco Gubernamental de Fomento para Puerto Rico. Los fondos del Fideicomiso se mantendrán depósitos en el Banco, separados e independientes de otros fondos públicos bajo la custodia del Banco. Los fondos del Fideicomiso se utilizarán para los propósitos especificados en el Artículo 9 de esta Ley.[114]

De manera incial el Fideicomiso tuvo a su haber unos $560 millones para impactar alrededor de 200 Comunidades Especiales. Por medio de esta Ley se peseguió la rehabilitación y construcción de 20,000 viviendas, $130 millones en obras y facilidades nuevas, y otros $310 millones para las restantes 486 comunidades para un total de $1,000 millones para proyectos y obras adicionales en todas las Comunidades Especiales de Puerto Rico. Esta fase de la inversión se dio importancia a la infraestructura comunal; como: la construcción de habitaciones en las residencias, conexión de servicio eléctrico y agua potable, la construcción de desagües, cunetones, parques, caminos y plazas. También, se vislumbró la siembra de árboles y la

---

[113] El proyecto en la práctica, tuvo muchas incongruencias económicas, que todavía hoy se están investigando. Los dineros no siempre fueron adjudicados donde se necesitaban.

[114] Leyes de Puerto Rico en http://www.lexjuris.com/lexlex/leyes2002/lexl2002271.htm

constitución de las comunidades en lugares agradables para sus residentes. El Fideicomiso también permitió financiar actividades de desarrollo económico y otras gestiones locales que generaron en empleos.[115]

El financiamiento del Proyecto

Las aportaciones iniciales para el Fideicomiso provinieron del Banco Gubernamental de Fomento para Puerto Rico y del Tesoro Estatal del Estado Libre Asociado de Puerto Rico. También pudo nutrirse inicialmente y de tiempo en tiempo de fondos federales y de reinversiones, inversiones y aportaciones bancarias (mediante préstamos, inversiones o servicios) que cualificaran bajo el Community Reinvestment Act de 1977, de aportaciones e inversiones del sector privado y de aportaciones de la Asamblea Legislativa. El Banco Gubernamental de Fomento para Puerto Rico, como agente fiscal y asesor financiero del Gobierno de Puerto Rico, fue el depositario de los fondos del Fideicomiso. Esta misma legislación también creó un mecanismo de financiación permanente para el desarrollo, transformación y mejoramiento de las Comunidades Especiales.[116]

La Junta de Directores

La Junta de directores en conjunto con el Banco Gubernamental de Fomento fueron los custodios y responsables designados para manejar el Fideicomiso. La composición de dicha junta se presenta a continuación en el articulo 4 de la Ley:

---

[115]Ley 271de 21 de noviembre de 2002. En la Exposición de Motivos de la ley del Fideicomiso Perpetuo de las Comunidades Especiales,
[116] Articulo #10 del Fideicomiso Perpetuo para las comunidades Especiales.

La misma estaría compuesta por siete (7) miembros; a saber, el Secretario de la Vivienda, el Secretario de Transportación y Obras Públicas, el Coordinador General para el Financiamiento Socioeconómico y la Autogestión de las Comunidades Especiales, un (1) Alcalde, un (1) Líder Comunitario residente de una comunidad especial que no sea parte del Consejo Asesor para el Desarrollo de las Comunidades Especiales y dos (2) ciudadanos privados en representación del interés público. El Gobernador o Gobernadora nombrará al Presidente de la Junta de entre los miembros de la misma. El Alcalde y el Líder Comunitario serán designados por el Gobernador o Gobernadora por un término de cuatro (4) años, y hasta que sus sucesores sean designados. Los dos (2) ciudadanos privados que representan el interés público en la Junta serán nombrados por el Gobernador o Gobernadora por términos escalonados de cinco (5) y seis (6) años cada uno, hasta que sus sucesores sean designados. Estos ciudadanos podrán ser removidos de sus cargos por el Gobernador o Gobernadora en cualquier momento. En caso de renuncia de algún miembro, su sucesor será designado por el período restante del término original del director saliente. Los miembros de la Junta de Directores no recibirán compensación alguna por sus servicios como tales; sin embargo, los que no sean funcionarios públicos tendrán derecho a recibir la dieta básica establecida para los miembros de la Asamblea Legislativa, de conformidad con la Ley 97 de 19 de junio de 1968, según enmendada.

Algunos de las características que distinguieron los poderes de la Junta de directores y/o alcances de estos dentro de esta legislación socioeconómica estaban contenidos en el artículo 9. Estos fueron:

1. Tener sucesión perpetua como corporación.

2. Adquirir bienes muebles e inmuebles por cualquier forma legítima, incluyendo concesión, regalo, compra, legado o donación y poseer y ejercer todos los derechos de propiedad sobre los mismos, así como disponer de ellos.

3. Tomar dinero a préstamo y emitir bonos del Fideicomiso con el propósito de proveer fondos para pagar el costo de adquisición de cualquier propiedad para el Fideicomiso o para llevar a cabo cualquiera de sus fines o para el propósito de refinanciar, pagar o redimir cualesquiera de sus bonos u obligaciones en circulación y podrá garantizar el pago de sus bonos y de todas y cualesquiera de sus obligaciones mediante cesión, pignoración, hipoteca o cualquier otro gravamen sobre todos o cualesquiera de sus contratos, rentas, ingresos o propiedades.

4. Otorgar a residentes de Comunidades Especiales préstamos personales o préstamos con garantía hipotecaria para la compra, construcción o rehabilitación del hogar propio de dichos residentes de Comunidades Especiales siempre que dichos préstamos estén evidenciados por pagarés o documentos fehacientes que reconozcan dicha deuda.

5. Invertir sus fondos, según sea autorizado por resolución de la Junta, sujeto a cualquier restricción y limitación conforme a la Ley.

Consideraciones negativas previas a la Ley

El proyecto de Comunidades Especiales que se gestó cuando la Honorable Gobernadora era solo la alcaldesa de la Ciudad Capital, tuvo sus frutos.[117] En los años posteriores a su aprobación los sectores desventajados de Puerto Rico, tuvieron un cambio a la norma que por décadas habían confrontado. Previo a implementarse el proyecto socioeconómico los residentes identificaron los problemas más serios que los aquejaban como: la droga, los embarazos precoces, la falta de empleo, la violencia intrafamiliar. También, hacieron señalamientos entorno a los problemas que les resultaba tener aceso a las agencias gubernamentales y la ausencia de servicios de infraestructura. La percepción generalizada sobre las condiciones de sus comunidades antes de la implantación, fue que estaban aisladas,

---

[117] La gestión socioeconómica de Sila Calderón comenzó con el proyecto de la revitalización de la Península de Cantera.

sumergidas en sus problemas y abandonadas por el Gobierno.[118]

Unos de los líderes participantes del Proyecto de la Comunidades Especiales de San juan, se expresó al respecto:[119]

> Las comunidades estaban borradas del mapa, marginadas y en el olvido. La propia gente estaba desalentada, resignada y pesimista. Un conformismo terrible. Prevalecia el paternalismo, el desanimo y la desorganizacion. No habia posibilidad para la innovacion; reinaba la monotonia. No se conocian los vecinos.

Fueron varios los obstáculos o impedimentos que tuvieron que enfrentarse los líderes comunitarios para poder ejercer un apoderamiento y una autogestion efectiva en su comunidad. Uno de ellos fue el sentimiento personal de aislamiento dentro de su mismo entorno. Este tipo de aislamiento creó condiciones de vida de división comunal aún más profundas, ya que pudiera lograr a perpetuar los problemas de la comunidad.[120] Los residentes con estas características habían desarrollado mecanismos de defensa para evitar y escapar de los problemas inmediatos dentro de su ambiente.

Otra situación con la que tuvieron que lidiar los líderes, fue con aquellos residentes involucrados en la política partidista activa. Estos comisarios de barrio y presidentes de Precinto, percibieron el liderato comunal como una amenaza a sus roles y posición de autoridad en la comunidad. Este hecho "afectó mucho los inicios del programa porque existieron divisiones no solo entre los alcaldes y las comunidades, sino entre los residentes mismos"

---

[118] Bernardo Kliksberg y Marcia Rivera, *El Capital Social Movilizado*, (San Juan: CLACSO, 2007), pág. 34.
[119] *Ibid.*, pág. 37.
[120] *Ibid.*, pág. 38.

Un lider argumentó sobre esta problemática que le afectaba:[121]

> Mira, nosotros no podemos negar que esto fue una propuesta de una mujer inteligente con unas ideas maravillosas...pero los azúles no lo ven asi, los verdes lo ven de otra manera,y tú que estás en el medio...¿Quién va a decir, mira que esto es bueno? Porque lo es, no porque yo me lo esté inventando [sino] porque realmente lo es... deja la politiqueria, pero la gente no es así.

> "Yo estuve en unas vistas publicas donde el señor Edwin Mundo me dijo que el no hubiese querido nunca vivir detrás de un letrero de aluminio que dijera Comunidades Especiales porque eso representaba para él una desgracia, porque era [como decir] prostitución, drogadicción, las casas van a bajar de costo. O sea, si uno mira y coge ejemplo de esa persona, que es representante y se supone que tenga unos graditos más de inteligencia. El mensaje que llevó hace que se siga regando. En vez de convertirse en algo que trabaje en conjunto, lo que hace es poniéndole obstáculos al programa".

La lucha político partidista intentó desvirtuar o descreditar los méritos que puedieron tener los programas de acción social que promovieron una participación activa y genuina de la población. Estas controversias agravaron las diferencias ideológicas y personales. Lo peor de todo, fue que algunos de los más necesitados, continuaron lidiando con los problemas habituales en un ambiente carente de iniacitiva y de respaldo comunitario.

La Coalición de Líderes Comunitarios de San Juan y el sector Berwind-Country Club: Aspectos Socioeconómicos

Durante los años 2000 al 2005, las comunidades experimentaron un creciente empuje de organización comunal,

---

[121] *Ibid*, pág. 40.

educación y toma de conciencia colaborativa en las decisiones de los asuntos más competentes a sus comunidades.

En el año 2000 los líderes de comunidades de escasos recursos de San Juan buscaron mayor participación y presencia en los aspectos políticos y sociales, se organizaron en una coalición. Líderes de 25 comunidades sanjuaneras crearon el grupo denominado "Coalición de Líderes Comunitarios de San Juan". La presidenta de este cuerpo fue la líder la comunitaria del área de Berwind-Country Club Carmen Villanueva Castro.[122]

Para septiembre del mismo año, los candidatos a la alcaldía de San Juan del Partido Popular Democrático (PPD) y del Partido Independentista Puertorriqueño (PIP), los licenciados Eduardo Bhatia y Vance Thomas respectivamente, respondieron a la invitación de la coalición comunitaria para presentar sus programas de gobierno. Además, su comparecencia sugirió que se comprometieran con ellos a incluirlos en la toma de decisiones de sus propuestas para las comunidades. La reunión fue de gran provecho para los líderes comunitarios. Su iniciativa produjo que los candidatos a la alcaldía se comprometieran con su firma, a darles mayor injerencia en el Gobierno de la Capital. No obstante, el candidato a la alcaldía de San Juan por el Partido Nuevo Progresista (PNP) Jorge Santini Padilla, no compareció a la reunión de líderes. Por tal razón, fue duramente criticado. Cardona denunció que: "una práctica de él y de la representante Albita Rivera de retratarse con líderes comunitarios para luego usar las fotos en propaganda y decir que están trabajando por esos sectores".[123]

Para el año 2002, el sector Berwind-Country Club mostró nuevos avances en el desarrollo de la infraestructura de la

---

[122] Carmen Villanueva Castro es residente de la Parcelas Hill Brothers, y presidenta de la Coalición de Lideres Comunitario de San Juan. Se distinguió originalmente por su dedicación laborando con los sectores marginados que componen el área de Berwind Country Club del barrio Sabana Llana de San Juan.

[123] Mildred Rivera, "Mano a Mano con los líderes comunitarios" *El Nuevo Día,* 10 de septiembre de 2000.

vivienda. Esto ocurrió cuando comenzó la relocalización del maltrecho sector Corea en las Parcelas Falú.

El Estado había dispuesto una finca en Berwind para este nuevo proyecto de viviendas, que antiguamente era propiedad del gobierno federal. El día de la presentación del proyecto vecinal, en que asistieron residentes, líderes comunitarios y la Gobernadora Sila Calderón, el gran ausente fue nuevamente el alcalde de San Juan, Jorge Santini. La líder Carmen Villanueva lamentó mucho la actitud del Alcalde en no querer participar del Proyecto de Comunidades Especiales.

Otros proyectos auspiciados por el Fideicomiso para las Comunidades Especiales en la comunidad Berwind fueron de índole educativa y cultural. Uno de ellos fue el proyecto "Danza con Andanza" que fue coauspiciado por el Instituto de Cultura Puertorriqueña (ICP). Se ofrecieron talleres a un número considerable de alumnos para que tuvieran la oportunidad de tomar clases de baile y de entrar en contacto con el arte por primera vez.[124]

En los años 2006 al 2007 el gobierno hubo diligenciado órdenes de desahucio en el sector de Villa Cañona en Loíza. Inmediatamente la Coalición de líderes de Comunitarios y su presidenta Carmen Villanueva organizaron talleres de manejo de conflictos y educación legal, luego de que firmaran un acuerdo de colaboración con el director ejecutivo de Servicios Legales de Puerto Rico (SLPR) Charles S. Hey Maestre. El objetivo principal fue instruirse en los aspectos legales necesarios que le permitieran reclamar sus derechos cuando entendieran que éstos estuvieran siendo violados.[125]

Villanueva consciente de su género y líder de raza negra, le expresó a los residentes del sector o siguiente: "las comu-

___

[124] Página web enwww.andanzapr.org/Andanza/proyectos_escuela_andanza.htm

[125] Revista electrónica *El Cucubano*, Núm. 68, 2007 SLPR, "Evita desahucio por emplazamiento incorrecto", en www.slpr.org/Home/PublicWeb/cucubano/68.pd

nidades deben apropiarse de sus recursos, protegerlos, exigir respeto y desechar las mentalidades de inferioridad impuestas por el discrimen y la segregación que han enfrentado por años".

El 30 de enero del año 2006, el Gobernador Aníbal Acevedo Vilá expresó en el Mensaje sobre el Estado de Situación del País, los proyectos infraestructurales que se proponían para modernizar el área metropolitana de San Juan. En este discurso comentó sobre la Zona Modelo Baldorioty (Zona MOBA). La obra de ingeniería propuso el desarrollo de estructuras sobre el Expreso Román Baldorioty de Castro para comunicar el Condado y Santurce. Además, el desarrollo de los espacios en torno a las estaciones del Tren Urbano, la construcción de edificios para una serie de agencias gubernamentales, y la extensión del Tren Urbano a Carolina y Caguas.[126]

Las reacciones en torno al mensaje y los planes de modernización no se hicieron esperar. La oposición política lo catalogó de un proyecto absurdo e irrealista.[127] La Senadora independentista María de Lourdes Santiago reaccionó señalando que "Zona MOBA" conllevaba a la privatización del expreso Baldorioty, y "obligará a que el precio de adquisición de lo que allí se erija sea "prohibitivo para la inmensa mayoría de los puertorriqueños".[128]

Para Carmen Villanueva y la Coalición de Líderes comunitarios fue una afrenta para los residentes del sector, porque serían de los más perjudicados. La líder expresó su sentir sobre el particular:

> Cuando yo vi a la ciudad MOBA (Zona Modelo Baldorioty) esa, yo vi a Hill Brothers desaparecer, y yo quiero decirle a mi gente que cuando vengan a sacarlos se paren

---

126 En Mensaje del Gobernador de http://www.bandera.org/node/936.
127 El Movimiento Socialista de Trabajadores en su periódico del 26 febrero de 2006, compara el proyecto con la película alemana "Megalópolis" de 1927.
128 Comunicado de prensa de la Senadora independentista María de Lourdes Santiago del 31 de enero de 2006.

como Adolfina Villanueva y digan 'de aquí no me sacan hasta que me maten', porque lo que nosotros tenemos es bien valioso.

El Proyecto de Zona MOBA, como otros proyectos propuestos en el cuatrienio del gobernador Acevedo Vilá no logró materializarse. Posiblemente por los factores ineludibles de compartir el gobierno con el Partido Nuevo Progresista[129], o por las consecuencias políticas-electorales que debía afrontar con los líderes de las comunidades especiales afectadas en nombre de la "revitalización" y el desarrollo.

Aspectos Políticos y las comunidades: La controversia sobre la municipalización

La municipalización es una alternativa que ha sido controversial en el panorama sociopolítico del país. La misma pretende atender los problemas que se le imposibilitan resolver al Gobierno Central, de forma más directa y agilizada. Es una forma de descentralización del gobierno en cuanto a los servicios de Salud, Educación, Seguridad y Obras de interés público. Sin embargo, la municipalización depositó el poder político en los alcaldes, los cuales tendrían la ley a su favor para justificar la privatizacion de servicios básicos, y por tal razón, afectarse el personal directo que ofrece los servicios.

Durante el año 2004, la controversia en torno a la municipalización comenzó a tomar auge. Uno de los primeros a favor de la medida fue el Acalde de San Juan. Este propuso la municipalización como alternativa para resolver los problemas de académicos y las tasas de

---

[129] En las elecciones del año 2004, el Partido Nuevo Progresista (PNP) fue favorecido electoralmente ganando la Cámara y el Senado de la Legislatura de Puerto Rico.

deserción alarmantes de los estudiantes de las escuelas públicas de San Juan.[130]

En periodo electoral, la alternativa fue propuesta por los aspirantes a puestos electivos dentro de sus programa o plataformas de gobierno. Este hecho, amenazó a los grupos sindicalistas del país.

> El mayor peligro que contiene el programa de gobierno "Revolución Positiva" del Partido Popular Democrático (PPD) para las próximas elecciones es su propuesta de elevar a rango constitucional el concepto de municipalización, mediante una enmienda a la Constitución del Estado Libre Asociado.[131]

Días después, el liderato sindicalista del país se dejó sentir a través del Presidente de la Central Puertorriqueña de Trabajadores (CPT), Víctor Villalba. El lider sindicalista hizo un llamado a todos los sindicatos del país a que se unieran en un proyecto de educación política para combatir los esfuerzos del Partido Popular Democrático (PPD) y del Partido Nuevo Progresista (PNP) de impulsar la municipalización.

Su convocatoria fue respaldada por líderes de otros de los principales sindicatos del país, quienes, pese a sus profundas divisiones históricas y de orientación entre las uniones locales y las bonafide, estaban de acuerdo en que la municipalización era "un peligro".[132]

En el año 2007, el tono de la controversia se le otorgó mayor importancia mediática, cuando el exgobernador Rafael Hernandez Colón expresó que apoyaba la municipalización:

---

[130]Frances Rosario, "Al ataque con la municipalización" *El Nuevo Día*, 2 de agosto de 2004.

[131] Sandra Rodríguez, "Rechazo sindical a la municipalización *El Nuevo Día*, 11 de agosto de 2004.

[132] *Ibid.*

Creo que éste es un tema de gran urgencia, porque nosotros tenemos un problema de gobernabilidad. El gobierno central se ha agigantado, se ha complicado, de tal manera que es muy difícil gobernar este País hoy día. Cuando yo estaba (como gobernador) era difícil y me di cuenta de la situación; qué vamos a dejar para lo que existe ahora y las complejidades que tiene el gobierno. Esto es parte de una reforma de nuestro gobierno que, a mi juicio, es bien urgente.[133]

Desde el comienzo de la controversia, los lideres comunitarios se expresaron receptivos para conocer los méritos del proyecto de municipalizacion. No obstante, percibieron que los estilos de gobernanza de los alcaldes y la política partidista podrían entorpecer el desarrollo de autogestión y apoderamiento de sus comunidades.

[Necesitamos] conocer más de la municipalización, es ese proceso de darle más poder a los municipios, pero está chocando con la estrategia de trabajo comunitario y con la estrategia del desarrollo de las Comunidades Especiales. ¿Por qué? Porque los municipios se quieren apoderar de los recursos y no quieren que las comunidades participen.[134]

Para las comunidades, la municipalización representaba perder la libertad de expresarse, proponer alternativas y decidir en asuntos competentes a su entorno. Además, temieron que al otorgarse esta ordenanza legal la partidocracia municipal obstruyera los avances alcanzados por las comunidades como fuerza social.

Por estas razones, los líderes comunitarios se aliaron con las organizaciones sindicales en un frente común en contra de los organismos (alcaldes y legisladores) que propusieron elevar la municipalización a rango constitucional. Los colectivos sindicales y comunitarios realizaron una declaración

---

[133] Carmen Arroyo, "Urge mayores poderes", *El Nuevo Día*, 20 de Julio de 2007.
[134] Bernardo Kliksberg y Marcia Rivera, *op. cit.*, pág. 38.

conjunta en la que calificaron dicha propuesta como "una agresión a los derechos democráticos del pueblo".[135] Los líderes obreros estuvieron dispuestos a dar la pelea. El presidente de la Unión General de Trabajadores, Juan Eliza Colón expresó que:

> Si lo aprueban en contra de la voluntad del pueblo, lo vamos a combatir electoralmente. Tenemos la fuerza, tenemos la capacidad para combatirlo electoralmente. La Ley de Municipios Autónomos le da poderes (a los alcaldes). Que desarrollen la ley, han tenido 16 años; que desarrollen los municipios que al pueblo de Puerto Rico le conviene. Pero la municipalización, entregarle servicios del gobierno central a los municipios equivale a entregárselos a la empresa privada.[136]

La mayor indignación la manifestó la líder comunitaria Carmen Villanueva, expresando su repudio a la enmienda constitucional.

> ¿Por qué hay que enmendar la Constitución si (se puede hacer) a nivel de enmendar una ley para que se asemeje más a lo que ellos (los alcaldes) dicen? Si dicen que están más cerca del ciudadano, ¿por qué tenemos comunidades por más de 100 años esperando por una calle, por un pluvial?[137]

Durante el año 2008, el "issue" de la municipalización quedó casi olvidado. Este, como otros sucesos que han acaparado la atención pública fue relegado para darle paso a asuntos programáticos de los partidos políticos. El gobernador Aníbal Acevedo Vilá, así como los representantes legislativos reconocieron que necesitaban el respaldo mayoritario de sus pares para aprobar el proyecto. Además, se aveci-

---

[135] Carmen Arroyo, "Repudio a la municipalización", *El Nuevo Día*, 21 de diciembre de 2007.
[136] *Ibid* .
[137] *Ibid*

naba la fecha de los comicios electorales. Esto sin duda alguna, no favorecía a la imagen de la colectividad de los partidos políticos, por el costo político electoral que pudiera acarrear el apoyar un asunto tan polémico.

Estrategias de la comunidad para lidiar con las problemáticas del barrio

Las comunidades se resguardaron en la ley de Comunidades Especiales y en los principios de autogestión y apoderamineto para trabajar con las problemáticas que les aquejaban. Ejemplos de su autgestión fueron la revitalizacion del sector "Corea", la construcción de áreas pasivas o parques, la colaboración conjunta con la Administración de Servicios de Salud Mental y Contra la Adicción (Assmca) y con las iglesias para tratar a deambulantes y adictos en el sector.[138] Sin embargo, para que su esfuerzo fuera verdaderamente efectivo debían de estrechar lazos de participación con la admnistración central y la municipal.

En el año 2005, la presidenta de la Coalición de Líderes Comunitarios planteó ante la Cámara de Representantes la necesidad de participación ciudadana en los asuntos comunitarios de los municipios.[139]

La Coalición de Líderes Comuntarios de San Juan entiende que la política pública de la autogestión y apoderamiento comunitario, contenida en la Ley para el Desarrollo Integral de las Comunidades Especiales, atiende a la falta de oportunidades sociales y económicas que se padece en sectores que han tenido una participacion inadecuada en el desarrollo economico de

---

[138] Patricia Rivera, "Deambulantes reciben espaldarazo rehabilitador" *El Nuevo día.* 11 de febrero de 2007.
[139] P de la C 702 y P de la C 911, Ponencia Coalición de Líderes Comunitarios de San Juan, Inc. Vistas Públicas, Cámara de Representantes de Puerto Rico. Comisiones de Desarrollo Socioeconómico y Planificación y de Asuntos Municipales. 11 de marzo de 2005.

Puerto Rico. La Coalicion entiende ademas que dicha falta de oportunidades contribuye a promover una cultura de violencia y de dependencia. Nuestra defensa de dicha política pública comienza desde 1991, cuando por ordenanza del Municipio de San Juan se creó la Oficina de Comunidades Especiales. Desde entonces la Coalición de Líderes Comunitarios de San Juan agrupa a 53 comunidades que cultivan el orgullo de lograr mediante esfuerzo propio aquellas obras y servicios necesarios para sus residentes, sin tomar en consideración nacionalidad, raza, creencias religiosas, o ideas políticas.

Entendemos además que la política pública de autogestión y apoderamiento comunitario pretende un modelo de gobierno que incorpore la capacidad y voluntad de trabajo de las comunidades en la solución de sus problemas. Este modelo de gobierno se debe alejar de estilos de gobierno asistencialistas, paternalistas, o de Estado Benefactor. Estamos aquí porque sabemos que cuando las comunidades se organizan en forma adecuada, éstas tienen la capacidad de asumir responsablemente sus desiciones y la dirrección hacia un desarrollo pleno y verdadero, no improvisado. Y por eso el artículo 2 de la Ley de Comunidades Especiales, el cual establece la política publica de dicha ley, dispone que se requiere de los municipios, así como del gobierno central acciones bien planificadas que estimulen la participación de las comunidades especiales desde un nuevo rol de propietario y productor en los asuntos que afectan su desarrollo social y económico.

Pese a los logros obtenidos, los líderes comunitarios estuvieron conscientes que sus estrategias debían insertarse en las acciones del gobierno local municipal. Por tal razón, se propusieron obtener un lugar activo en la toma de desiciones en la administración municipal para el logro de un desarrollo social y económico efectivo. Además, poder obtener una relación integral entre comunidad y estado, como sugería el artículo 2 de la ley de Comunidades Especiales.

Obstáculos para las estrategias de las comunidades: Las enmiendas de la ley 232 de 27 de agosto de 2004

Los mayores obstáculos para la ejecución de las estrategias comunitarias fue poner en sintonía la Ley Núm. 1 para el Desarrollo Integral de las Comunidades Especiales en el municipio. En el año 2005, se redactaron proyectos de ley en la Cámara (Proyecto de la Cámara 702) y en el Senado(Proyecto del Senado 208) donde los alcades de la Asociación y la Federación(populares y penepeístas respectivamente) concurrienron en las enmiendas a la Ley 232. El informe del Senado del proyecto 280 recogió la posición de los alcaldes en apoyo a los proyectos de enmiendas legislativas, y en menoscabo a la Ley 232.[140]

> De la Exposición de Motivos surge que la Ley Núm. 232 de 27 de agosto de 2004, es para enmendar algunas disposiciones de la "Ley para el Desarrollo Integral de las Comunidades Especiales", la cual desautoriza a los Alcaldes a ejercer el poder de expropiación forzosa en inmuebles localizados dentro de "Comunidades Especiales", lacera la autonomía municipal, burocratizan el proceso de expropiación y resta agilidad al mismo. Añade que puede presentar un problema de inconstitucionalidad, al limitar una prerrogativa inherente al Poder Ejecutivo, delegada a los municipios, en el Poder Legislativo de Puerto Rico.

Asociación de Alcaldes de Puerto Rico

La Asociación de Alcaldes de Puerto Rico examinó el P. del S. 280 y concurre con los argumentos que se presentan en la Exposición de Motivos del Proyecto de Ley. En el mismo se desautoriza a los Alcaldes a ejercer el poder de expropiación forzosa, por lo que se puso en riesgo la Autonomía Municipal. Al involucrar a la Asamblea Legislativa en el

---

[140] P. del S. 280, para enmendar el artículo 4 de la Ley Número 1 del 1 de marzo de 2001. (Ley de Comunidades Especiales)

proceso de expropiación forzosa, se burocratiza y retrasa el proceso. Esto en nada abona al proceso de burocratización.

No obstante, la Asociación de Alcaldes no concurre con que se elimine el proceso de consulta con los residentes del sector, aunque sí solicita que el por ciento de aprobación de la comunidad baje de 75% a 50% más uno (mayoría simple), esto haciendo referencia al P de la C 702. Por todo lo anteriormente expuesto, la Asociación de Alcaldes de Puerto Rico endosa la aprobación del P. del S. 280.

Federación de Alcaldes de Puerto Rico

La Federación de Alcaldes de Puerto Rico examinó y concurre con los argumentos que se presentan en la Exposición de Motivos del Proyecto. Según reza la Exposición de Motivos de la Ley, los esfuerzos de las Agencias Gubernamentales de los Municipios y la comunidad tienen que ser integrados. Esto no ha sucedido. Al contrario, existen problemas en la implantación integrada de la Ley, especialmente en cuanto a los diferentes proyectos de construcción y planificación en las Comunidades Especiales. En todas las Comunidades se han ubicado rótulos de identificación, pero pocos proyectos para eliminar la pobreza se han hecho.

La Federación también endosa el P. de la C. Núm. 911, para devolverle la Autonomía Municipal vedada por la Ley Núm. 232 de 27 de agosto de 2004.

Efectos de la disposiciones del Gobierno entorno a la Ley 232

El peso polítco fue más fuerte que la presión ejercida por el liderato de la coalición de comunidades. El dictamen de la asamblea legislativa favoreció a las autoridades municipales. De ésta forma se llevó a cabo la enmienda al Artículo 2 de la Ley Núm. 1 del 1ro de de marzo de 2001. La enmienda expuso que:

Igualmente será política pública del Estado Libre Asociado de Puerto Rico promover y facilitar la alianza entre las comunidades y los sectores públicos y empresariales, así como con las instituciones de la sociedad civil para el logro de los propósitos de esta Ley. Ello incluye la participación de los Gobiernos Municipales como un componente fundamental en la identificación de las comunidades especiales y sus necesidades, en la elaboración de planes estratégicos de desarrollo comunitario y en la colaboración para la implantación de estos planes; disponiéndose que en aquellos casos en que dichos planes municipales contemplen la expropiación de terrenos y viviendas dentro de las comunidades reconocidas como especiales de acuerdo a esta Ley, se requerirá una Resolución Conjunta de la Asamblea Legislativa autorizando dicha acción.

También se enmendó el inciso (e) del Artículo 4 de la misma ley para que leyera como sigue:

La Oficina [Comunidades Especiales] tendrá la responsabilidad de implantar la política enunciada en esta Ley. Para lograr su consecución, la Oficina coordinará los esfuerzos gubernamentales en aras del desarrollo social y económico de las comunidades especiales y con el fin de alcanzar los siguientes objetivos:

(e) coordinación y participación de los Gobiernos Municipales como un componente fundamental en la identificación de las comunidades especiales y sus necesidades, en la elaboración de planes estratégicos de desarrollo comunitario y en la colaboración hacia la implantación de estos planes, asegurándose de que se cumpla con la política pública establecida en el Artículo 2 de esta Ley a los efectos de que, en aquellos casos en que dichos planes municipales contemplen la expropiación de terrenos y viviendas dentro de las comunidades reconocidas como especiales de acuerdo a esta Ley, se requiera una Resolución Conjunta de la Asamblea Legislativa autorizando dicha acción; que haya sido objeto de estudio y consideración mediante vistas públicas en ambos cuerpos legislativo a las cuales hayan sido invitados los municipios y los líderes comunitarios concernidos y tal Resolución Conjunta deberá certificar que la Oficina para el Financiamiento Socioeconómico y la Autogestión, ha realizado una consulta comunitaria en la cual el setenta y cinco (75) por ciento de los que ejerzan su derecho al voto, endosan las expropiaciones y que además dicha consulta se llevó a cabo de acuerdo al proceso establecido por dicha Oficina.

Se puede señalar que la posición de los alcaldes de la Isla no podía ser cónsona con la expuesta por la Coalición de Líderes Comunitarios. No hubo ninguna disposición legislativa ni en la Ley Núm. 1 contraria a ley de municipios autónomos. Sólo fue notable la intención de los ejecutivos municipales de restarle méritos a la Ley 1, y en la opinión que sugiere su renuencia de "ceder poder decisional" a las comunidades. El impulso de acción comunitaria del siglo XXI, de empoderar a las comunidades con mandato de ley ha estado en contraposición a las ideologías administrativas tradicionales. La autogestión y empoderamiento comunitario representó un "peligro" a los intereses políticos y económicos de la administración municipal. Por otro lado, la Coalición comunitaria, aunque no logró impedir la radicación de la enmienda de la Ley Núm. 1; obtuvo una medida que enmendó la Ley de Municipios Autónomos, que aseguró al menos la protección de las propiedades bajo el requerimiento de exanimación por una Resolución Conjunta legislativa. La medida se expresó en la Ley 232 de 27 de agosto de 2004 de la siguiente manera:

Se enmienda el segundo párrafo del Artículo 9.003 de la Ley Núm. 81 de 30 de agosto de 1991, según enmendada, conocida como "Ley de Municipios Autónomos del Estado Libre Asociado de Puerto Rico de 1991", para que lea como sigue:

El Municipio podrá instar un proceso de expropiación forzosa por su cuenta siempre y cuando la propiedad no pertenezca o haya pertenecido al Gobierno Central o alguna de sus instrumentalidades o corporaciones públicas durante los diez (10) años anteriores a la fecha de la solicitud de expropiación, excepto que medie autorización por Resolución Conjunta de la Asamblea Legislativa. En dicho caso deberá acompañar por lo menos dos (2) tasaciones realizadas por dos (2) evaluadores de bienes raíces, debidamente autorizados para ejercer en Puerto Rico, o en su lugar una sola tasación de un evaluador de bienes raíces debidamente autorizado, ratificada por el Departamento de Hacienda o el Centro de Recaudación de Ingresos Municipales y una certificación registrar. En los casos en que contemple la expropiación de terrenos y viviendas dentro de las comunidades reconocidas como especiales de acuerdo a la Ley Núm. 1 de 1 de marzo de 2004, conocida como 'Ley para el Desarrollo Integral de las Comunidades Especiales" se requiere una Resolución Conjunta de la Asamblea Legislativa autorizando dicha acción.

Estrategias del municipio para lidiar con las problemáticas del barrio

A través de este estudio no hemos podido identificar alguna estrategia definida o alguna política pública del municipio para lidiar con los problemas específicos del barrio Sabana Llana. La iniciativa del municipio consta en la construcción de un hogar para ancianos[141], asistir a de ambulantes de las aéreas de Jardines de Monte Hatillo y Berwind[142] y la creación de una biblioteca electrónica[143]. Ninguna de las iniciativas a sentado las pautas para estrechar lazos de colaboración entre las comunidades y el municipio.

---

[141] Ordenanza Municipal Número 28, 2003-2004. La construcción del Hogar "La Esperanza" y "Defensores de la democracia"

[142] Agencia EFE, "Brindan almuerzo a mujeres deambulantes", *Primer Hora*, 23 de diciembre de 2004.

[143] Agencia EFE, "Abre la biblioteca electrónica comunitaria de San Juan", *Primera Hora*, 8 de abril de 2011.

La labor comunitaria y la política partidista

El liderato de las comunidades de Sabana Llana representado por Carmen Villanueva, no pertenece a ninguna de las ideologías de los partidos políticos tradicionales. A menudo, Villanueva tuvo que lidiar con las represalias que surgen por su creencia en la lucha comunitaria y por atreverse a disentir del proceder de la administración municipal en los asuntos de las comunidades. En una entrevista en una radioemisora de la Capital, conducido por el licenciado (hoy día doctor) Nestor Duprey y los licenciados Carlos Gallisá e Ignacio Rivera, la presidenta de la Coalición de Lideres Comunitarios, expresó su malestar en torno a las reacciones del municipio en contra de su trabajo para el desarrollo y bienestar del sector.[144]

Néstor Duprey:	Regresamos amigas y amigos a Fuego Cruzado y tenemos con nosotros en la tarde de hoy a una destacada dirigente comunitaria en Puerto Rico. Con la que vamos a conversar precisamente sobre una experiencia de abuso de poder y de cómo las comunidades se están viendo afectadas por el síndrome del partidismo extremo. ¿Don Carlos Gallisá?
Carlos Gallisá:	Si, tenemos con nosotros a Carmen Villanueva de las parcelas "Hill Brothers", que lleva muchos años en el trabajo comunitario. Y desde bien joven, a través de su iglesia, hace ese trabajo en la comunidad, allí en "Hill Brothers", ¿no? Y, entre sus logros ha sido el conseguir una cancha para la comunidad donde se reúne la comunidad, celebran sus actividades allí, etcétera. Y entonces, a través de los últimos años ha tenido dificultades para hacer ese trabajo comunal que es gratis. Ella no está en la nómina de nadie, que no sea en la nómina de su conciencia

---

144 Entrevista transcrita *ad verbatim* a Carmen Villanueva en el Programa Radial de la emisora Radio Isla 1320 del programa "Fuego Cruzado", 26 de enero de 2012.

y de servirle al prójimo. Y luego de muchos encontronazos con las autoridades municipales de San Juan, ayer pues colmo la copa, y por eso está aquí hoy. Eh... porque ella, pues no quería entrar en discusiones y debates con el municipio y que tuvieran este, algún carácter político, pero ya con lo que sucedió ayer y el cumulo de acciones de parte del Municipio de San Juan y de su alcalde contra ella y su trabajo comunitario, pues, nos pidió llegar hasta aquí, y aquí está hoy. Así que bienvenida Carmen y dinos cual es problema ahí en "Hill Brothers". Llegaste a Fuego Cruzado.

Carmen Villanueva: Pues nada, más que traerme aquí, es dialogar de lo que debe ser un proceso de verdad, dinámico en nuestro país, y lo que no debe constituir en violencia institucional, verdad, que es peor que un disparo, en ocasiones, porque se acumula por tanto tiempo que realmente mata la conciencia de la gente, y sobre todo lo peor, la actividad social de lo que nosotros hacemos.

Pues desde hace dos años prácticamente, pues, he tenido miles de insultos... con no sé cómo se le llaman las guaguas estas que usan para la política, que le llaman las tumba cocos, (alto parlantes) este, pues mencionando mi nombre, "te vamos a sacar". Yo decía, ¿yo estoy postulada?, este," por tu culpa", "vas pa' fuera", "eres embustera". Y mis hijos escuchando esto, y yo les decía a mis hijos no hagan caso, porque son gente, que, pues no tienen mucho."(Ignorantes)

Néstor Duprey: ¿Esto es (de parte) del Municipio de San Juan?

Carmen Villanueva: Esto es (de parte) del municipio y eso es histórico y toda la gente en la comunidad lo sabe. Ayer se convoca una reunión que nosotros no sabíamos, este... y mucha de la gente tampoco se había enterado, gente penepé (PNP) de la comunidad no se habían enterado, y cierran calles y todo.

141

En la activdad celebrada en la cancha del sector, desconocidos inrrumpen en la actividad. Entonces la pregunta es, estando yo presente, cogí el micrófono y tuve que narrar, ¿ustedes me han pedido la cancha? No, eso número uno, se metieron en forma bien, bien violenta, en un momento, que lo puede narrar la comunidad, donde se metieron a romper una casita que se había diseñado para hacer el Día de la Tierra y había un almuerzo que nos tenía el Departamento de Agricultura, que estaba grabado y todo. Y entraron con estos muchachos para, para tumbar, y los mismos presos que fueron a llevar allí, para hacer la limpieza, estaban impactados ¿porque? Y yo digo bueno, eso te debes preguntar. Así que no estamos ejerciendo nunca, ustedes nunca me han escuchado hablar de ningún... del alcalde nunca, pero en vista de que esto ha sido tan continuo y he visto que otras comunidades no tienen el foro, verdad, y no han podido dialogar. Perdemos jóvenes como la que acabo de decir, perdemos todos los días en la violencia, porque no hay espacio verdad..., de hacer cosas diferentes y los que las queremos hacer estamos atropellados. Quiero que las demás comunidades se despierten y si tienen que venir aquí, que vengan, que crucen la puerta y que digan basta ya a los atropellos. Porque nosotros no debemos ser lastimados.

La violencia a través de la intimidación y la destrucción se convirtió en parte de las estrategias de los opositores de las comunidades. El objetivo fue desmoralizar y aminorar en lo posible el avance de la lucha por hacer valer sus derechos ciudadanos. Sin embargo, a pesar de los atropellos vividos, el llamado de la lider a las comunidades desventajadas es que se unan y denuncien sus reclamos ante los foros pertinentes para prevenir atropellos en contra de la integridad comunal.

CONCLUSIONES

El área de Río Piedras tuvo una trascendencia e importancia intrínseca para San Juan y los municipios aledaños. Desde finales del siglo XIX, el antiguo municipio despuntó como intermediario económico, político y cultural con el resto de la Isla. Su importancia se manifestó con la incorporación de la actividad comercial y agrícola, la integración de tecnologías como el telégrafo y el tren, y por ser el lugar de esparcimiento de grandes personalidades políticas del país. De la misma manera, las áreas rurales de Río Piedras se transformaron para contribuir en la formación y desarrollo del antiguo municipio. El barrio Sabana Llana, como área rural del Municipio de Río Piedras tuvo una importancia agrícola. Principalmente, en la producción de caña de azúcar y frutos menores, para el municipio y pueblos aledaños. Añadiéndole a los aspectos propicios del terreno, otra aportación significativa fue su localización cercana al casco o área urbana del pueblo. Su lugar geográfico fue un atractivo para que extranjeros y personalidades locales invirtieran su capital en la economía agrícola del sector. Este fue el marco económico que dominó los aspectos más fundamentales de la vida del barrio desde su fundación hasta 1930.

En la década de 1930, el panorama socioeconómico tomó un nuevo giro, al integrarse el aspecto recreacional y turístico. Se dio lugar a la construcción del campo de golf del Berwind Country Club. Las facilidades se construyeron con las más grandes exigencias y las mejores especificaciones de los campos de golf de la época, atrayendo diferentes celebridades políticas y deportivas. Entre estas se encontraron el Gobernador Blanton Winship, puertorriqueños como Juan Chi Chí" Rodríguez entre otros golfistas de renombre internacional. Las facilidades golfísticas del Berwind Country Club dejaron establecido la importancia socioeconómica para el sector y el resto de la Isla.

Entre el 1950 al 1980 ocurrieron las mayores transformaciones geopolíticas, económicas y sociales en el barrio Sabana Llana. Los factores que impulsaron estos cambios fueron las reformas o medidas económicas de atracción de capital del gobierno del Partido Popular y la incorporación del pueblo de Río Piedras a la municipalidad de San Juan. Las medidas gubernamentales motivaron un gran desplazamiento de familias de los campos de la Isla a la Ciudad Capital y al barrio Sabana Llana. La emigración y la incorporación de Río Piedras provocaron que en Sabana Llana residiera más del doble de los habitantes que comúnmente pudieron encontrarse residiendo en la década anterior a 1950. El aumento demográfico resultó en problemas de vivienda, hacinamiento de estudiantes en las escuelas y falta de empleo en la municipalidad sanjuanera.

En la década de 1960, la administración del Secretario de Instrucción, Ángel Quintero Alfaro, construyó nuevas facilidades escolares, y se implantaron experiencias curriculares innovadoras en todos los niveles a tono con las transformaciones económicas y sociales del momento. Sin embargo, la visión educativa tomó un giro distinto, cuando cambió la administración gubernamental luego de las elecciones de 1968. Los conflictos ideológicos y de poder acaecidos dentro del aparato burocrático del Departamento de Instrucción, desalentaron la preparación y continuación de planes prospectivos libre de la influencia político-partidista, para la obtención de resultados que fueran de común beneficio a las escuelas. Lamentablemente, el factor político-partidista se entronizó en la estructura administrativa del actual Departamento de Educación. La agencia gubernamental o administración escolar que responda a este tipo de injerencia política se convierte en un desacierto educativo, al momento de tener la responsabilidad de instruir, y conducir a la ciudadanía mediante el proceso educativo al máximo del uso de las capacidades humanas.

Las industrias manufactureras del área de San Juan motivaron a los habitantes del municipio y la periferia a la búsqueda de trabajos en ellas. El trabajo en las industrias manufactureras sustituyó el trabajo agrícola. Lo que transformó los terrenos agrícolas en espacio propicio para la construcción de viviendas por la gran demanda que se tuvo de éstas. Los proyectos auspiciados por las gestiones gubernamentales de la ARUV y la CRUV en la década del 1970, produjeron un acelerado cambio socioeconómico en el barrio Sabana Llana.

Se construyó el complejo residencial Berwind, considerado uno de los más extensos proyectos de vivienda para personas de ingresos medianos y bajos, construido durante ésta época. A pesar del interés y los esfuerzos del gobernador Roberto Sánchez Vilella y de su equipo de trabajo en urbanizar y revitalizar esta área del barrio, los problemas de vivienda y desempleo continuaron en la municipalidad.

El modelo de industrialización implantado en Puerto Rico, no fue lo suficientemente efectivo para ayudar a disminuir el desempleo y el acceso a los bienes de consumo. Por tal razón, encontramos un aumento en la dependencia económica por medio de las ayudas del Programa de Asistencia Nutricional (PAN) desde 1980. Este factor se combinó con otros problemas sociales: la violencia, el uso y abuso de drogas ilícitas y el crimen aumentaron no habiendo una solución aparente. Los planes en contra del crimen esbozados no han podido lidiar con los delitos Tipo I, que aquejan la calidad de vida del sector. El deterioro en las familias se hizo evidente, basado en el aumento en la cantidad de divorcios y de madres jefa de familia. Los índices educativos reflejaron un deterioro en el aprovechamiento académico de los estudiantes de las escuelas de Berwind, y una merma en la cantidad de estudiantes que alcanzaron la escuela superior, y de aquellos que lograron graduarse de la misma.

Las posibles soluciones a las problemáticas sociales deben apoyarse en la esperanza que ofrece el llamado tercer sector: estas son las organizaciones comunitarias y la Iglesia. Esto es debido a que el Estado ha sido ineficiente atendiendo las situaciones que afectan las comunidades pobres o, por el contrario, dictando medidas que no les benefician. El apoderamiento y la autogestión del sector comunitario demostraron que son los elementos necesarios para convertirse en la conciencia y la fuerza de la población marginada, que hace mover las estructuras gubernamentales para la obtención de servicios que mejoren su calidad de vida.

La Ley 1 del 1 de marzo 2001, ley para el Desarrollo Integral de las Comunidades Especiales inspiró y motivó a la formación de La Coalición de Líderes comunitarios. La Coalición se convirtió en el instrumento de lucha de los sectores marginados de la Capital. Las estrategias comunitarias fueron unirse para ser un frente común a las problemáticas que más le aquejan, principalmente en el uso y disfrute de sus viviendas y facilidades comunales. La presidenta de la Coalición y líder del área que comprende Berwind-Country Club, Carmen Villanueva, tomó la responsabilidad del trabajo comunitario tenazmente y la llevó a enfrentarse con el gobierno estatal y municipal para hacer valer sus derechos constitucionales y humanos contra los intereses económicos y políticos-partidistas que obstruyen el crecimiento y formación del desarrollo integral comunitario, tal como lo hubo en los comienzos del barrio en el antiguo Municipio de Río Piedras.

El sector Berwind-Country Club aparenta languidecer con toda la serie de problemas económicos y sociales que le afectan. Sin embargo, hay que reconocer que las herramientas para la solución de los problemas las tienen las propias comunidades, mientras tomen en cuenta su rol sociopolitico, hay una esperanza de realizar un verdadero cambio.

Implicaciones lógicas

El crecimiento demográfico acelerado provocado por la emigración de la población campesina a los centros urbanos, la incorporación del pueblo de Río Piedras al Municipio de San Juan y la política pública del Gobierno de Puerto Rico de urbanizar áreas de gran valor socioeconómico propició la formación y desarrollo del área metropolitana de San Juan. Simultáneamente, creó desigualdad social y económica en sectores de la población.

Desde la década de 1950, a causa del empuje económico de la industria manufacturera el Municipio de San Juan se encaminó desarrollar en los suburbios o área semirurales de su jurisdicción. En el barrio Sabana Llana se abandonó la industria agrícola que por décadas había sido el motor de la economía de la región sanjuanera para dar paso a la revitalización urbana y comercial en el sector. Pese a las recomendaciones de la Junta de Planificación de la administración del gobernador Sánchez Vilella, la transformación urbana del barrio Sabana Llana, y particularmente de Berwind-Country Club no fue en sintonía con las necesidades de ajuste social y económico de las familias del sector. Las familias de procedencia de las áreas rurales de la Isla tuvieron que adaptarse de manera abrupta a las nuevas condiciones urbanas que les ofreció la ciudad de Capital. Estas condiciones se agravaron debido al continuo crecimiento poblacional, la falta de empleos y a la formación de áereas suburbanas o arrabales que se establecieron en la periferia del área urbanizada de Berwind-Country Club. El factor de la dependencia económica, también fue uno continuo, en sincronía con el crecimiento poblacional del sector. Lo que contribuye a la desigualdad social y económica, y al deterioro de la calidad de vida del sector y del municipio, en cuanto a su relación estrecha con la incidencia de los problemas sociales de narcotráfico, violencia y criminalidad.

El empoderamiento y la autogestión del sector comunitario comenzaron a dar resultados positivos de su lucha y militancia. A través, de su esfuerzo conjunto por hacer valer sus derechos constitucionales y el bienestar de sus familias en sus comunidades de escasos recursos. Sin embargo, queda mucho camino por recorrer. Por lo tanto, la coalición comunitaria debe estrechar lazos de cooperación con el gobierno estatal y municipal e instituciones con y sin fines de lucro de todo tipo, para una verdadera revitalización social y urbana en Berwind-Country Club y de los sectores de marginación social y económica del área metropolitana de San Juan.

Implicaciones educativas

La planificación estratégica educativa que se implantó desde la década de 1950, se afectó gravemente por la pugna de poder entre las facciones políticas del PPD y PNP dentro del andamiaje de la administración de educativa.

A partir de 1969, los administradores del sistema educativo han obstaculizado una planificación prospectiva (a largo plazo) educativa a tono con las transformaciones socioeconómicas de los tiempos. A cambio, han favorecido una visión que responde a los intereses político-partidistas de sus respectivas colectividades, que no necesariamente responden a las necesidades de la población del país. La educación pública se perjudica grandemente por los desaciertos gubernamentales al no haber un consenso entre los administradores educativos de turno. Más aun, no se establecen vínculos entre las comunidades para escuchar preocupaciones e intereses de los sectores en donde están enclavadas las escuelas.

Es imperativa la realización de un plan estratégico prospectivo, multisectorial y en sincronía con las agencias gubernamentales estatales y municipales. Atendiendo las proble-

máticas administrativas y curriculares que afecten el aprovechamiento académico de los estudiantes de las escuelas
públicas, y de las familias de escasos recursos cuyos, com-
ponentes tienen escasa escolaridad, bajo aprovechamiento y
deserción escolar.

Recomendaciones

Entre las recomendaciones para futuras investigaciones
podemos considerar:

1. Ampliar la investigación utilizando técnica de entre-
    vistas a residentes que vivieron en el sector Berwind-
    Country Club desde el 1950.

2. Desarrollar un instrumento-cuestionario que muestre
    la percepción de los habitantes sobre el crecimiento y
    desarrollo del sector Berwind-Country Club.

3. Analizar si el crecimiento demográfico del Sector Ber-
    wind-Country Club tuvo un impacto en la socioeco-
    nómico de los municipios cercanos durante los años
    de 1950 al 1970.

BIBLIOGRAFÍA

Recursos Bibliográficos

Primarios

Archivo General de Puerto Rico, Fondo Municipal, Río Piedras. Cajas 56-57, Titulo Patrimonio, 1856-1931. Expedientes de inventario de bienes municipales, ventas y adquisiciones de solares.

Departamento de Instrucción Pública (1943). *Problemas de la comunidad: Manual del Maestro.* San Juan: Oficina Insular de Compras división de Imprenta.

Departamento del Trabajo y Recursos Humanos. Serie Histórica: Fuerza Trabajadora por Municipio, 1983-2010. Negociado de Estadísticas del Trabajo.

Junta de Planificación (1964). *Desarrollo propuesto Berwind-Fallwest ARUV.* Río Piedras.: Colección Rafael Carmoega.

Junta de Planificación (2000) *Indicadores Socioeconómicos por municipio.*

Junta de Planificación (1995) *Indicadores Socioeconómicos por municipio.*

Junta de Planificación. (1955) Municipio de Río Piedras: Memoria Suplementaria al mapa de límites del municipio y sus barrios.

Junta de Planificación, Programa de Planificación Económica y Social, Oficina del Censo.

Klumb, Henry (1985). *Remodeling and additions Berwind Country Club.* Río Piedras.: Colección Henry Klumb.

Leyes de Puerto Rico. Ley Núm. 210 del 12 de mayo de 1951.

Lex Juris. Ley 1 de 2000 Ley de Comunidades Especiales

López de Haro Fray Damián. Constituciones Sinodales hechas por el obispo de San Juan, (San Juan, Imprenta seminario, 1957)

Puerto Rico. Administración de Renovación Urbana y Vivienda (1969). *Diseño urbano finca Berwind*. Río Piedras: Colección Proyectos misceláneos.

US. Census Bureau 2000

US. Census Bureau Selected Social Characteristics in Puerto Rico. (2006-2010) American Community Survey 5 Year Estimates

US Census Bureau. Selected Housing Characteristics. 2006-2010 American Community Survey 5 Year Estimates

Otras fuentes primarias:

Periódico *El Mundo*, 12 de julio de 1967

El Mundo, 5 de enero de 1964, pag.6

Periódico *Dialogo*, agosto-septiembre 2009

Primera Hora, 10 de septiembre 2007

Primera Hora, 28 de julio 2011

El Nuevo Día, 11 de agosto de 2004

Ponencia Coalición de Líderes Comunitarios de San Juan, Inc. Vistas Públicas P de la C 702 y P de la C 911, Cámara de Representantes de Puerto Rico. Comisiones de Desarrollo Socioeconómico y Planificación y de Asuntos Municipales. 11de marzo de 2005

Proyecto del Senado 280, de 2005

Ordenanza Municipal Número 28, 2003-2004. La construcción del Hogar "La Esperanza" y "Defensores de la democracia"

Entrevista a Carmen Villanueva en el Programa Radial en Radio Isla 1320 "Fuego Cruzado", 26 de enero de 2012.

Fuentes Secundarias

Alameda, J. y Galindo, C. *La vivienda de interés social en Puerto Rico*. Departamento de la Vivienda

Burke, Peter (2003). *Formas de hacer historia*. Madrid: alianza ensayo.

Colon. Linda (2010). "Pobreza en Puerto Rico: Radiografía del proyecto americano", en *Sobrevivencia, Pobreza y Mantengo. La Política asistencialista estadounidense en Puerto Rico: el PAN y el TANF*. San Juan: Ediciones Callejón.

Cuevas, Eliecer (2003) *Economía Política de Puerto Rico: 1950 a 2000*. San Juan, P.R.

Curet, Eliezer. (2003). *Economía Política de Puerto Rico: 1950 a 2000*. San Juan: Ediciones M.A.C.

Corbalán, María A. (2005). *Enredados por la educación, la cultura y la política*. Buenos Aires: Editorial Biblos.

Dietz, James (1989). *Historia económica de Puerto Rico*. Río Piedras: Ediciones Huracán

Kliksberg, B. y Rivera, M. (2007). *El Capital Social Movilizado Contra la Pobreza*. CLASO.

López Yustos, Alfonso. *Historia Documental de la Educación en P.R.*

Macionis, John. *Sociología*. Prentice Hall.

Marchand, N. (2001). Tesis de maestría. *Campo de golf de la finca Berwind*.

Marsh, Catherine (2009). *Negociaciones Culturales: Los intelectuales y el proyecto pedagógico muñocista*. San Juan: Ediciones Callejón.

Martínez, I. (1961) Tesis de maestría *La incorporación de Río Piedra a San Juan*. UPR.

Nieves, Luis (1970). *Diagnóstico de Puerto Rico*. Río Piedras: Editorial Edil.

_____ (1964) *El Futuro Ideológico del Partido Popular Democrático*.

Nieves D. *El Crimen en Puerto Rico.*

Ocasio, Marcial (1985). *Río Piedras notas para su historia.*

Picó, Fernando (1989). *Vivir en Caimito.* San Juan: Ediciones Huracán.

_____ (1994). *El día menos pensado: Historia delos presidiarios en Puerto Rico (1793-1993).* Río Piedras: Huracán.

_____ (2005). *San Fernando de la Carolina: Identidades y representaciones.* San Juan: Ediciones Huracán.

Quintero, Ángel. *Educación y Cambio Social en Puerto Rico.*

Sáez, Florencio (1988). *Río Piedras Estampas de mi Pueblo.* Palma Real.

Santrock J. (2005). *Psicología de la Educación.* México: Mc Graw Hill.

Torrech San Inocencio, Rafael. *Los barrios de PR.*

Scarano, Francisco (2007). *Puerto Rico: Una historia contemporánea.* México D.F.: McGraw Hill.

Revistas

El Cucubano, núm. 68, 2007 SLPR

www.ingramcontent.com/pod-product-compliance
Lightning Source LLC
Chambersburg PA
CBHW071400280526
45787CB00001B/391